英语专业教学深度改革及教师发展研究

唐　琳◎著

中国原子能出版社

图书在版编目（CIP）数据

英语专业教学深度改革及教师发展研究 / 唐琳著
. --北京：中国原子能出版社，2023.6
ISBN 978-7-5221-2794-1

Ⅰ. ①英… Ⅱ. ①唐… Ⅲ. ①英语–教学改革–研究
–高等学校 Ⅳ. ①H319.1

中国国家版本馆 CIP 数据核字（2023）第 119639 号

英语专业教学深度改革及教师发展研究

出版发行 中国原子能出版社（北京市海淀区阜成路 43 号 100048）
责任编辑 杨晓宇
责任印制 赵 明
印　　刷 北京天恒嘉业印刷有限公司
经　　销 全国新华书店
开　　本 787 mm×1092 mm 1/16
印　　张 13
字　　数 226 千字
版　　次 2023 年 6 月第 1 版 2023 年 6 月第 1 次印刷
书　　号 ISBN 978-7-5221-2794-1 **定 价** **72.00 元**

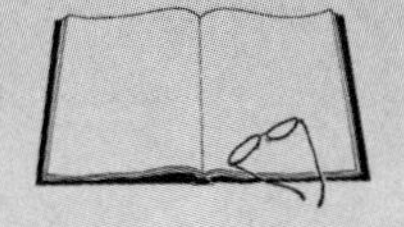

作者简介

唐琳，女，毕业于黑龙江大学，外国语言学及英语语言学专业，硕士，现任浙江越秀外国语学院副教授、学科英语教学教研室主任，研究方向为英语教学及 ESP 研究。曾获全国高等院校英语教学精品课大赛二等奖，主持或参与省级课题 4 项，出版教材 1 部，发表学术论文十余篇。

前　言

多年来，高等教育尤其是高校英语教学一直备受关注，经历了由“应试教育”向“素质教育”转变的过程。为了适应我国高等院校教学的发展趋势，提高英语教学质量，满足新时期国家和社会对人才的需求，高校英语教学必须进行一定的改革。

在世界各国之间频繁交流的今天，英语教学的改革也有了新的契机。因此，英语专业教学的深入改革与创新迫在眉睫。必须对英语教学模式进行革新，以顺应时代需求，拓展英语教学发展的思路。近年来的高校英语教学不管是在规模层面还是在质量层面都实现了长足发展，然而其中也有亟须解决的问题。

英语教学发展至今，教师始终在英语教学过程中占据着主导地位。现阶段，在高校英语教学改革的持续推进之下，英语教师的发展越发被重视，学界关于高校英语专业教学的研究也逐渐增加，并形成了诸多针对中国英语教学实情的、有中国特色的研究成果。然而，整体而言，关于高校英语专业教学的研究并不多，特别是关于高校英语教师的教学反思和实践的研究还远远不够。

本书主要对英语专业教学深度改革及教师发展进行研究，共有六章。第一章是英语专业教学改革概述，主要从四个方面进行了论述，分别是英语专业教学的内涵及现状分析、英语专业教学改革的历程、英语专业教学改革的基本原则、英语专业教学改革的目的与理念；第二章是英语专业教学的现状，主要从三个方面进行了论述，分别是英语专业传统学科教学现状、英语专业混合式教学现状、英语专业教学中的其他问题；第三章是英语专业教学的深度改革，主要从四个方面进行了论述，分别是教学内容与目标、教学设计与方法、教学模式与评价、教学策略与实施；第四章是英语教师发展概述，主要从三个方面进行了论述，分别是教师专业发展内涵与发展意识、英语教师的专业知识结构和能力结构、英语教师专业发展面临的机遇与挑战；第五章是英语教师发展实现模式，主要从四个方面进行了论述，分别是自主发展模式、合作制模式、课程改革模式、信息环境模式；第六章是英语教师发展的有效路径，主要从五个方面进行了论述，分别是基于深度改革的反思性教学、基于学习共同体的科研与教学、多维度教材开发、综合性素养提升与发展、进阶性英语教师评价。

在撰写本书的过程中，笔者得到了许多专家学者的帮助和指导，参考了大量的学术文献，在此表示真诚的感谢！本书内容系统全面，论述条理清晰、深入浅出，但限于笔者水平，加之时间仓促，难免存在一些疏漏，在此，恳请同行专家和读者朋友批评指正。

目 录

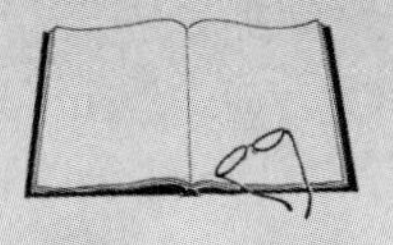

第一章 英语专业教学改革概述

本章的主要内容是英语专业教学改革概述，主要从四个方面进行了论述，分别是英语专业教学的内涵及现状分析、英语专业教学改革的历程、英语专业教学改革的基本原则、英语专业教学改革的目的与理念。

第一节 英语专业教学的内涵及现状分析

一、英语专业教学的内涵

英语专业教学简单来说就是一种教育活动。对教师而言，教学是引导学生学习的教育活动；对学生来说，教学是在教师的引导下的学习活动。学生是否得到发展是教学能否实现其目标的关键。

教学是一个师生互动的过程，是教师教和学生学，共同完成既定任务的双边统一的活动。关于英语专业教学，其内涵在于：教师从英语专业教学的具体目标出发，利用系列计划性、系统性的教学过程，采用各种教学方法和技术，使学生掌握英语知识，提高他们的综合素质。

二、英语专业教学的现状分析

（一）英语专业教学课程设置现状分析

课程是英语专业教学的重要内容，承载着各种教学活动的开展。课程设置指的就是学校从具体的培养目标出发，对课程内容进行明确划分，对课程门类、学分、课时等进行设计，对学年和学习顺序进行编排，从而构建出合理的课程体系的过程。所以，高校英语专业教学和改革都将此作为主要内容，各学校基于《高等学校英语专业英语教学大纲》《普通高等学校本科专业类教学质量国家标准（外国语言文学类）》《普通高等学校本科外国语言文学类专业教学指南》的基本原则和指导思想，将英语专业的特色建设和发展定位作为中心，对其课程设置进行调整，分析英语专业人才培养需求，对教学资源进行整合，依据本校的英语专业教学改革规划，对其课程体系进行明确和构建，使具有不同专业资源的、各种层次的、差异化需求的学生实现英语综合应用能力的提高。

其中，《高等学校英语专业英语教学大纲》对高校的课程设置提出了明确的改革意见，并对英语专业课程进行了“必修课程”与“选修课程”的区分。因此，接下来对我国英语专业课程的分析将从这两方面展开。

1. 英语专业必修课程设置现状分析

国家教育教学法规要求给予高校英语专业必修课程充足的学时和学分，并鼓励高校在英语专业教学的课程中多利用现代信息技术。高校可以开发和建设各种基于现代信息技术的网络课程，运用现代技术保障学生有充分的自主学习性，同时也可以满足不同学习起点的个性化学习需求和专业性发展需求。

研究表明，在十多年的英语教学发展中，英语作为高校必修课程的地位尚未被动摇，好的发展方向是高校教学目标和教师的教学方法越来越注重对学生综合语言应用能力的培养，以及跨文化交际素养的熏陶。但我国高校英语必修课程设置普遍出现压缩学分、学时的情况，而且有部分学校减少英语必修课程学分、学时的幅度还比较大。在课程类型上，主要以综合英语课为主，英语视听说为辅，重视听说读写综合能力的培养，在开展以综合英语、视听说为主的课堂教学的同时，多数高校根据《高等学校英语专业英语教学大纲》的鼓励开展了基于计算机和课堂的英语教学模式，加强了英语专业网络自主学习中心的建设，有利于学生课外利用网络自主学习，其中还有高校通过购置或自主开发英语专业学习系统，充分发挥了英语专业网络自主学习中心的作用，例如，要求学生利用英语专业网络自主学习中心的设备条件和软件系统进行自主学习，训练英语口语和英语写作，并把学生在系统数据中的学习进度和效果纳入学生的期末考评成绩中，形成有效的鼓励和监督学习机制。

但是个体学生在招生类型上是有所差别的，因此这些学生的专业发展方向也呈现出一定的差异性。例如，有些高校应国际化发展的需要，与国外高校或教育机构合作，兴办中外合作教学项目，针对这一类型项目招收的学生在高校的整体招生数额中占有一定比例，高校需要依据这类学生的发展需要设定英语专业必修课课程，重视学生以口语和写作能力为代表的语言输出技能，可以单独开设口语课或写作课，对学分和学时提出高要求，其课程门类通常与国际接轨，呈现国际化特色。

2. 英语专业选修课程设置现状分析

从高校英语选修课的设置情况中可以看出这所学校英语专业教学主管部门和教育工作者的英语教学理念。纵观我国高校的英语选修课程设置，可以大致总结出这样两种教学理念：一种是坚持英语教学是为学生专业学习服务的理念，另一种是将英语作为一门专业来教的理念。这是两种完全不同的教学理念，下面我们从这两个视角来分析一下我国英语专业教学选修课的现状。

第一种是英语教学是为学生专业发展服务的教学理念。这种理念认为高校英语专业选修课的设置应该重视培养学生开展专业学习和研究的能力，并且可以为他们毕业后用英语从事涉外职业提供可能。因此，秉持这种英语专业教学理念的高校的基本落脚点在专门用途英语（English for Specific Purposes，ESP）课程上。这些高校在英语专业选修课的课程设置上呈现出各种特色，例如，服务于研究型人才发展的英语专业选修课，设置有学术英语写作、网络科技英语、科技英语阅读、法律英语、管理科学英语等各类学术英语课程；服务于应用型人才培养的英语专业选修课，设置有涉外律师行业英语、IT 行业英语、知识产权行业英语、会计行业英语、汽车行业英语、建筑行业英语等各种特色行业英语课程。

第二种是将英语作为专业教学课程来设置选修课的理念。秉持这种理念的高校在我国高校中占据多数。这些高校参照英语专业的课程设置和教学模式来开展英语教学，不仅在基础教学阶段开设视听说等综合英语专业必修课，而且在能力提高阶段，为满足学生的发展需求，也开设了各类选修课程，如英语影视赏析、英语报刊选读等。根据相关研究，提高阶段的课程设置和教师安排等方面都已经不分大学英语和英语专业了。这样就使学生之间除了在学分和课时上存在差别外，其他并无太大差别，本专业学生可以与不同专业学生选修同一门课程。英语专业选修课程发展至今，高校新生的英语水平不断提高，所以高校的英语专业基础阶段必修课程学期数在减少，而以语言文化类为主、英语技能类为辅的英语选修课得到越来越多高校的认可。

以上两种英语专业教学理念重点体现在课程设置上，同时也是我国英语专业转型发展的主要尝试。不同的教学理念必将影响英语专业教学的转型走向与发展速度，因此，依据这两种理念，我国高校有以下几种选择：一是坚持为专业学习服务的教学理念；二是采用英语专业的教学理念；三是兼顾两种理念，以一种为主、另一种为辅的教学观念。不同的高校会根据自己的专业特色做出不同的选择。

如今，经济全球化和文化多元化趋势越发不可阻挡，教育信息化和英语国际化的趋势越发显著，由此，更多的学校和教师认同并实行了第三种英语专业教学理念。诸多高校也遵循分类教学和分层教学的原则，以本校的英语专业特色与发展定位为中心，对英语专业必修课程的设置进行改革，切实提高学生英语综合应用能力，加大力度建设英语课程体系，不断凝练和同化校本特色的课程体系，更好地服务于本校专业人才培养，这是新形势下我国英语专业教学改革的主旋律。

高等教育呈现出明显的国际化特点和趋势，英语课程的重要地位也更为突出。然而，随着我国的高校本科人才培养计划改革持续深入，高校英语专业的学分和课时被较大地缩减，在高校的基础教育必修课系统中，英语专业课程也被明显弱化。同时，关于增强高校英语专业教师教学能力的要求，以及提高高校英语专业学生英语综合应用能力的要求仍在提升，这给高校英语专业教学改革带来了巨大的压力和极难的挑战，而教师就是改革的关键。英语专业教师应当调整心态，积极地发挥主观能动性，适应改革的深化形势，加强个人提升和发展，争取高校管理者最大的理解和支持，为促进学生的专业学习和自身发展提供最到位的服务，这就是高校英语课堂教学研究的根本原因。

（二）英语专业教学模式现状分析

随着教育转型改革的不断深入，本科人才培养方案的改革也在不断深化和完善。为此，各高校纷纷修改人才培养方案，对英语专业的课程设置进行了调整。同时，提高英语专业的教学质量要求给英语专业教师和管理者带来新的挑战，在提倡学生自学英语的基础上，课堂教学模式的改革成为我国英语专业教学转型发展的关键。在教材体系方面，出版业的改制为一线英语教师选择系统完备的优良教材提供了可能。但现实情况是：在高校扩招浪潮下，英语专业教师的工作量越来越大，有形无形地依赖于出版社的配套课件，导致一些一线教师少备课甚至不备课情况的出现。在这种情势下，英语专业教学改革必须充分发挥教师的主观能动性，促进现代教育技术与英语专业课程教学的融合，积极探索顺应新媒介时代发展的教学模式和教学方法，优化教学设计，提高有限课堂教学效率，同时还要加强网络自主学习中心的建设，保障学生个性化学习及效果。

进入 21 世纪以来，英语专业的数字媒体化改革工程日益深入，国内各高校纷纷创建英语专业网络自主学习中心，开展建立于计算机网络基础上的英语专业课堂教学转型，积极探索英语专业教学的有效模式，致力于促进学生形成个性化的学习方法，不断发展自主学习能力。教育部高教司明确提出了建立在计算机技术基础上的多媒体教学模式，推动了现代信息技术与英语专业课堂教学的整合，倡导建设英语专业网络自主学习中心，使优秀教学资源和教学平台得以开发共享，教学观念能够从根本上发生良性转变，创造英语专业教学转型发展的新机遇。

基于计算机技术与课堂教学的融合所构建的英语教学模式，着重于教师的个性化教学，着重于学生的自主化学习，要求发挥网络技术、计算机技术等的最大优势，为学生提供科学的、充分的语言技能强化训练，通过教师的课堂讲授和课下辅导，学生能够获得教师的指导，利用自身学习能力和习惯等，能够自主地进行学习内容、方法等的安排，在计算机技术的加持下，有效地快速增强自身的应用综合英语能力。

然而，在我国的英语专业教学研究领域，目前没有对这种多媒体的教学模式形成统一的观点。各专家学者对于这种教学模式的概念都基于自身的视角进行了差异化的界定和解释。教学模式的构建和实行必须有一定的理论指导，有明确的教学目标和内容，有基本的教学活动序列和方法策略。同时，一种教学模式必然会有对特定的教学方法、策略的应用，而这种教学方法、策略并非局限在单一的方法上，而是对多种教学方法、策略的有机结合和使用。在教学中，基于一定的教学目标或者一定的教学效果的实现，通常要对多种方法、策略进行综合使用。在综合使用这些方法、策略实现理想的教学效果和目标的过程中，就会形成相应的教学模式。

教学理念不同、教学技术条件不同、师资条件不同，就会有不同的基于计算机与课堂的英语专业教学模式。目前，各高校不仅都在加强英语专业教学技术条件的建设，而且都在探索具有校本特色的基于计算机与课堂的英语专业教学模式。在课堂教学中，广大教师充分利用现代信息技术，研究如何通过多媒体、多模态手段优化学习者的语言输入与输出。在基于计算机与课堂的英语专业教学实践中，一线教师纷纷从应用语言学、教育学、教育技术学、话语学和教育生态学等不同学科理论出发，或者综合运用不同学科理论，探索各具特色的教学模式，深化课堂教学改革，收获了丰硕的教学改革成果。

在普遍赞同多媒体技术与英语专业教学融合的同时，也有专家提出了非常尖锐的问题，比如基于计算机和课堂的多媒体教学模式中所暴露出来的“重技术轻教育”倾向，甚至娱乐化倾向。有学者针对英语专业教学中出现的认为备课就是做好课件、课件可以取代板书、眼球效应等同于教学效果、教学就是表演、以小组活动替代仔细阅读、教就是哄学生开心等各种误区和不良倾向，提醒英语专业教师警惕课堂教学娱乐化，要认真实施有效的教学活动。

促进现代教育技术与英语专业课程教学的融合，这是近年来我国高校英语专业课程教学发生教育学转向的重要表现。这种转向不仅表现在教育学理论、教育技术对于英语专业教学改革的意义上，而且表现在课程论（特别是教学设计）对于深化英语专业教学模式改革、改进英语专业教学效果的重要性上。这种转向涉及教育学科与语言科学的一个交叉学科——教育语言学。教育语言学是一门关于语言教育的科学，它以教育为载体，以语言为传授的方法。深化英语专业课堂教学改革，需要充分认识其学科属性，用现代教育教学理念和理论指导课堂教学，充分利用现代教育技术增强课堂教学效果。

（三）英语专业教学要素现状分析

现代信息技术不断发展，出现了很多新的教学媒体，其在实际教学中发挥出了显著优势，对传统教学形成巨大冲击。尽管现代教学系统中的主要构成要素仍旧是学生、教师、教学内容和教学媒体，然而这四个主要构成要素在其中的作用相较之前有了明显变化，同时它们不是像拼图一样简单拼凑构成现代教学系统，而是相互影响、相互联系，从而形成了现代教学系统这个有机整体。现代教学媒体使这四个主要构成要素自身和彼此的关系发生了根本改变，促使现代教学系统内的要素之间的信息传递和转化效率实现了显著提高。

1. 英语学习者

任何一门课程都有一个共同点，那就是学生作为课程的主体，是教学活动的出发点和落脚点。英语专业课程也不例外，教学的出发点和落脚点同样是学生。分析我国英语专业教学的现状要素，首先要研究英语学习的主体——学生。

近年来，大学新生英语水平逐渐提高是一个显著特征，并且学生对自己的英语综合能力的目标和要求也不断提高。他们在学习目标定位、学习理念、学习动机、学习方法、学习条件等方面都有明显特点，比较突出的是学习英语的目的明确，即通过英语专业学习，提高自己的英语综合应用能力，尤其是听和说的能力，表现为期望在今后的学习、工作和社会交流中能够使用英语进行有效的交流。此外，学生在经济全球化、文化多元化、交流信息化时代背景下，对自己的英语专业学习提出了更高层次的要求，对以跨文化素养为突出代表的综合文化素养需求明显。

近年来的大学新生通过初高中“新课标”素质教育的培养，形成了具有自己显著特点的学习理念、学习动机和学习方法，并将英语学习和自己今后的升学、就业和终身学习目标紧密结合起来，力求把自己培养成具备基本英语素养和跨文化素养的 21 世纪公民。他们能够根据自身认知特点和学习发展的时段需求，着重提高用英语获取信息、处理信息、分析问题和解决问题的能力，以及用英语进行思维和表达的能力，增进跨文化理解和跨文化交际的意识与能力；他们能够根据自身发展需要选择个性化学习方法、学习策略，最大限度地发挥个人才能，而且还注重通过英语学习策略训练，不断优化学习方式，提高自己的学习能力。究其原因，学生受建构主义学习理论的影响比较大，这使他们能够把学习作为自己主动建构知识和意义的过程。

现在的大学生大多是伴随着互联网快速发展而成长起来的新一代，是典型的数字原住民（digital natives）。随着网络信息技术的迅猛发展，强调依靠信息技术进行意义建构与知识创新的建构主义学习观盛行。对现在的大学新生来说，学习是一个积极且有意义的知识建构和真实的体验，学习是他们讨论、合作、协调和知识共享的完整的过程，而不是孤立的枯燥的技能训练。在英语专业教学课程中，小班授课越来越普及，多数学校通常都以专业自然班为授课班级，一般情况下，每个自然班的学生人数大多为 30～40 人，学生课外学习英语的方式丰富多样，在图书馆、宿舍和网络自主学习中心等场所，采用各种媒体途径，根据兴趣开展在线多模态阅读，免费下载自己爱好的各种英语歌曲、演讲教学视频等，随时随地使用手机、平板等播放。他们也会在线发布一些评论，通过微博、微信等社会化写作软件，与外界保持联系和互动，而且这种互动一般是阅读、写作交织在一起，语言输入和语言输出相得益彰，高校外语文化氛围普遍比较浓厚，学生不仅可以通过在线观看英语影片等不同途径学习外国文化，还可以通过参加英语角、外语文化月等各种外语活动，提高语言应用能力。

2. 英语教师

教学活动离不开学生、教师两个主体。学生是“学”的主体，在以学习者为中心的教育理念下，充分发挥学生中心地位意义重大。但作为“教”的主体，教师在教育教学过程中则起着主导作用。英语专业师资队伍建设对于深化英语专业教育教学改革至关重要。近年来，英语专业师资队伍不断壮大，师资在学历层次、专业水平等方面都有较大幅度的提升。英语专业教师队伍中，随着 20 世纪 50 年代出生的教师陆续退休，在职教师大多都是硕士以上学历，其中有国外留学或工作经历的占有一定比例。很多重点大学要求教师必须通过各种方式到国外访学深造，否则在职称评定和提拔任用等方面就会一票否决。外籍教师也成为英语专业师资队伍中不可或缺的组成力量。在中外合作办学项目和某些民办特色学校，外籍教师甚至成了英语专业师资队伍中的主力军。

在英语专业教材不断更新、升级的市场机制推动下，基于新教材的英语专业教师培训使英语专业教师在教学理念、教学方法等方面与时俱进，不断发展。广大教师注重学生英语综合能力培养，在以教师为主导的同时，普遍关注、探索以学生为中心的教学法，取得了显著的成果。在高校本科教学质量评估的政策推动下，近年来英语专业教学条件建设发展迅速，多媒体教室和英语专业网络自主学习中心得以普及，为英语专业教师探索基于计算机和课堂的教学模式、改善教学效果奠定了坚实的基础。为了确保英语专业教师队伍健康发展，各校英语教学部门完善制度，改进工作机制，通过教改、教研、教师专业发展一体化的团队建设，加强观摩教学、师资培训与学术交流，推动了学习型师资团队建设，提升了英语专业教学团队整体理论水平。现在的英语专业教师不仅仅是“站好讲台”了，他们还积极投身教改、教研，发表学术论文，编写、出版校本特色英语教材。

当然，随着英语专业课程体系改革的不断深入，英语专业师资队伍建设也出现了一系列难题，面临着来自各方面的各种挑战，例如，随着教学改革的深化，我国高校英语专业的定位逐渐由 EGP（通用英语）转向 ESP（专门用途英语），这要求构建具有 ESP 背景的“双师型”教师队伍。可见，英语专业教师迎来了职业转型，这既是挑战也是机遇，英语专业教师除了要进行传统的语言知识和技能的传授，还要基于学生的专业学习与就业需求，进行各种学术英语（English for Academic Purposes，EAP）或职场英语（English for Occupational Purposes，EOP）的教学。但是，当前的高校还没有有效的 ESP 师资队伍的建设计划和策略，大部分英语专业教师认为 ESP 的教学难度较高而因此产生了畏难心理，抗拒转型，同时目前的学科专业归属和职称晋升方面也没有对“双师型”师资给予充分的政策支持，这都是 ESP 师资力量薄弱的原因。

英语专业教学是“教”和“学”统一的过程，离不开英语专业教师这个“教”的主体，然而，高校英语专业课程的建设是系统化的，其中除了英语专业教师，还有教学管理者的参与。因此，英语专业教学的主体包括教师、学生和管理者，而且，在我国的高等教育体系内，管理者的作用十分重要，甚至有时一定程度上决定着英语专业教学的进行。这个管理者的主体内容较为广泛，其中有高等教育各级各类行政主管，如教育部、省市教育厅（局）的相关主管，以及学校分管领导、教务处领导等，也有英语专业教学部门主管，以及教育部、各省市英语专业教学指导委员会等学术机构。这些主体构成了英语专业教学改革的管理者这个角色，在其中发挥着决策、组织和管理的作用，其对于英语专业课程建设的理解、支持和付出，一定程度上决定着改革的推进。以高校教务处为例，教务处作为管理者，它的关注和支持在英语专业的教学改革当中可以说是必不可少，本科人才培养方案中对英语专业课程性质的定位、学分和学时分配、教学资源、教学改革立项、学生分级分班、课程排课、教学场所安排、学生竞赛资助、教学奖励等都属于教务处的管理内容。此外，英语专业教学改革工作也有赖于学校各专业学院、学生处和团委等职能部门主管领导的关心和支持。

出于有效激发各方积极性的目的，英语教学部门，如大学外语部、外语学院等，也应当积极同学校领导和职能部门进行交流互动，共同推动高校英语专业改革的持续推进。

3. 英语专业教学内容

近年来，英语专业教育教学策略不断更新，2018 年 1 月，教育部发布了《普通高等学校本科专业类教学质量国家标准（外国语言文学类）》；2020 年，教育部高等学校外国语言文学类专业教学指导委员会颁发了《普通高等学校本科外国语言文学类专业教学指南》。随着政策的变化，英语专业教材建设不断升级，优质教材不断涌现，教材建设在教材形式的开发、教学内容的编写、教学理念的普及和任课教师的培训等方面都发挥了积极的作用。

我国高校的根本性任务就是为社会主义建设培养高素质的专业人才。学校教育对学生的培养包括素养和能力两个部分，高校英语专业教学也是如此。对于学生的英语技能和人文素养的培养和提升而言，高校英语是重要途径。语言是文化的载体，也是文化的一部分，其包含各个国家的文化和历史背景，以及各国家的世界观、人生观、生活和思维方式等。所以，学生在英语学习的过程中不仅能够掌握语言技能，还能够开阔眼界，增强人文素养，进而促进全面发展和人格的完善。也就是说，高校英语专业教学不仅可以促使学生实现语言思维能力的发展，也可以促使学生思考人生、思考成长，进而使其整体素养实现实质上的提升。高校在英语专业教学中，应当融入人文素养教育，促使学生形成积极健康的学习态度。

英语专业的教学内容除了包含对学生人文素养的培养，还包含对学生实践能力的培养。在具体教学过程中，应要求训练内容生动有趣、方法灵活多样，有针对性地进行课堂训练，从课程内容设置、课程教学内容实施、教学考核等方面着重突出学生实践能力的培养。

英语专业的教学内容还包括终身学习，必须培养学生终身学习的意识，激发学生对于英语学习的兴趣，使学生养成良好的英语学习习惯，从而为终身学习英语奠定基础；还要培养大学生听说读写的能力，锻炼英语思维，培养学生创新思辨的能力。

4. 英语专业教学媒体

新媒介的迅速发展是当今时代的重要标志，媒介的应用涉及社会生活的方方面面。在现代教学系统四要素中，教学媒体这一要素也随着时代的发展转化成越来越重要的角色，对其他三个要素作用的发挥起着不可或缺的作用。

近年来，各高校英语专业课堂教学的条件和学生自主学习的条件都随着经济和科技的发展发生了巨大变化，多媒体教室、网络教室在绝大多数高校得到普及，大部分城市中的初、高中也都实现了多媒体普及，基于计算机和课堂的教学模式成为英语专业教学模式的主流，英语专业教学资源以多媒体技能应用为重要特征，为学生的个性化学习和交流提供了有力支持。在具体的课堂教学过程中，教育者可以利用各种教学方式，如图片展示、播放视频和音乐等，激起学生的学习兴趣，引导学生进入多模态的学习环境中，进而达到很好的教学效果；在课后，教育者还可以将课内教材与课外读物进行合理结合，引导学生主动拓展课外知识，例如，利用网络和图书资料等进行多方位学习，进一步巩固课内知识。非正式化的片段学习成为学生课外学习的主体，因为各种媒体途径的使用越来越便捷，如使用智能手机或个人电脑以及各种沟通类应用软件，可以最大限度地满足学生个人的兴趣爱好和学习发展需要，并可以随时随地与老师、同学取得联系，方便快捷地进行多模态教学和学习。

专家学者的研究结果表明，文字、声音与图像相结合的多模态学习方法对提高学生的学习效率十分有效，尤其是借助多媒体进行的英语专业教学，对学生的英语学习有更大帮助，因为借助声音和图像的表达，可以更加生动形象地将英语的发音、语气、语感等内容传达给学生，调动学生的视觉、听觉与语言等多种感官进行学习，可以加强学生学习效果的持久性。

第二节 英语专业教学改革的历程

一、20 世纪五六十年代——起步阶段

教育政策深受国家政治和经济发展的影响，外语教育更是与国家的外交、外贸以及科技发展息息相关。

在 20 世纪 50 年代，这一时期俄语十分流行，而英语专业教学没有得到足够的重视。所以，在中华人民共和国成立之前，许多英语教师开始转

而学习俄语，这种情况一直延续到20世纪80年代初。因为后来英语教师数量急剧下降，所以有些学校要求当初改行教俄语的教师再重新教英语，但其中绝大多数英语教师已无力担当英语专业教学的重任。

20世纪50年代末到60年代初，人们对俄语学习的热情逐渐减退。此时，英语教学开始走出窘境，相当一部分院校开始设置英语专业。当时还没有“大学外语”之说，因为大学外语并非一门专业课程，只是一门公共选修课，因此被称作“公共外语”。虽然此时的公共外语仍以俄语为主，但人们已开始关注公共英语教学。

到了1962年，我国颁布了第一部公共英语教学大纲——《英语教学大纲（试行草案）》。这一大纲的制定是服务于高等工业学校本科五年制各类专业并让其使用的，目的是为学生今后阅读本专业英语书刊打下较扎实的语言基础。

这一大纲有效地开启了我国高校英语专业教学大纲的发展和建设进程。

二、20世纪七八十年代——恢复与发展阶段

20世纪70年代末，英语教育成为大众关注的焦点，英语的重要性再次凸显。这一时期的英语教师都积极投身英语教育事业，但因他们缺乏公共英语教学的经验，再加上一些客观因素，在摸索中还是走了一些弯路。公共英语教学出现了以下两种倾向。

专攻“科技英语”。1966年以前的大学毕业生对英语的了解比较少，他们的英语能力较弱，对于这些人，外语界提出“走捷径”，专攻科技英语。因此，“机械英语”“电工英语”“农业机械英语”等名词突然变得很流行。但由于教材编写仓促、系统性不强，科技术语复杂难懂，并且学生的基础薄弱，科技英语教学难以取得较为理想的效果，在随后的几年消失了。

倾向“听说领先”。随着改革开放的进行，对外交流和对外贸易日益密切和频繁。在这种情况下，英语教学强调“听说领先”。但是，“听说领先”只解决了一些简单的日常会话问题，学生依然无法进行深入的交流，因此，这一倾向很快也消失了。

三、20 世纪 90 年代——迅速发展阶段

在 20 世纪 80 年代初至 90 年代初，这一阶段的英语专业教学取得了巨大的发展，这也是“英语热”迅速发展的时期。大规模的轮训在全国范围内进行着，外语教学法、语言测试、二语习得等方面的理论也渐渐为英语专业教学所接受，所以此时英语专业教师的教学水平、理论水平得到了显著提高。

20 世纪 90 年代，我国提出了“发展是硬道理”的方针。在经济快速发展的同时，各行各业对人才提出了更高的要求。根据 1993 年 2 月中央颁发的《中国教育改革和发展纲要》，国家教委于 1994 年初制定了《高等教育面向 21 世纪教学内容和课程体系改革计划》。大庆会议正是在上述历史背景下召开的，在充分肯定成绩之后，提出了英语专业要上一个新台阶的要求。

四、21 世纪——稳定与提高阶段

在 21 世纪的今天，英语这门世界通用的语言越来越显示出它的重要性。以前的大纲是以阅读为主，兼顾听说。但现在，英语综合应用能力，特别是听说能力被提到关键位置。可见，推进英语专业教学是新时代的需求。

2018 年 1 月，教育部推出了《普通高等学校本科专业类教学质量国家标准（外国语言文学类）》（以下简称《国标》）；2020 年，教育部高等学校外国语言文学类专业教学指导委员会推出了《普通高等学校本科外国语言文学类专业教学指南》（以下简称《指南》）。《国标》对外语类专业准入、建设和评估的基本原则与总体要求进行了明确，《指南》则为各专业创新发展提供具体行动路线和解决方案。基于《指南》的指导，英语专业应坚持内涵发展、多元发展和创新发展，培养时代需要、国家期待的英语专业人才。

第三节 英语专业教学改革的基本原则

随着英语专业教学的不断改革与发展，形成了很多与之相符的教学原则，本节对其进行总结与论述。

一、综合性原则

英语专业教学还应该重视综合性原则，将语音、词汇、语法等知识进行交互教学，从而提高教学的实用性。具体来说，综合性原则指导下的英语专业教学应该重视以下几个方面的内容。

（1）整句教学与单项训练相结合

如前文所述，英语专业教学的目标在于培养学生的语言综合运用能力，因此在教学中应该做到总分结合，既要对整句进行教学，也需要结合单项的训练。当学生的语言知识达到一定的水准之后，他们就能够运用到日常生活与工作中，这样的运用也有助于学生语感能力的提升。也就是说，在英语专业教学中应首先开展整句教学，即先教授给学生一些简单的句子，当学生有了一定的积累之后，再教授复杂的句子，这时候需要将整句练习与单项训练结合起来。

（2）进行综合训练

语言学习并不是独立的，而是一个统一的、完整的整体，因此需要在教学中开展综合训练，即将听、说、读、写、译各项技能的教学结合起来。在英语专业教学中，听、说、读、写、译几项技能的培养是教学开展的主要内容与路径，教师可以对学生的多项感官进行训练，保证五项技能训练的比例与数量，从而让学生逐渐完成学习任务，提升学习质量。

（3）进行对比教学

众所周知，英汉语言之间存在明显的差异性，这就要求在英语专业教学中，教师应该引导学生对英汉语言进行对比，通过对比，让学生发现二者在动植物词汇、人名、地名、称谓语、禁忌语等各个层面的差异性，并能准确地运用语言来进行写作与翻译。总之，通过对比教学，学生可以不断提升自身的学习效果。

二、针对性原则

在传统的英语课堂教学中，教学大纲、教学目标、教学计划、教材等均是为全体学生设计的，学生所学的知识与技能基本相同，难以照顾到学生的智力、能力、性格等个体差异。而跨文化教学通常具有丰富的内容与多种多样的形式，可以弥补传统课堂教学的缺陷，可以因材施教。为将每个学生的潜能都发挥出来，应根据不同学生的特点采用不同的活动形式。

三、及时总结原则

总结对英语教学必不可少。无论是哪种活动形式，在活动结束之后，教师都要及时进行分析和总结，发现所取得的进步与问题，找出问题的原因，为以后英语专业教学活动的开展做好准备。总结的形式应依据具体活动而定。

四、趣味性原则

根据克拉申的“情感过滤说”，在传统的课堂上，由于教学形式、教材、课堂气氛等都存在一定的不足，学生的“情感过滤层”容易升高，容易产生紧张焦虑的情绪，这样他们接受可理解性语言输入时就没有足够多的空间。与之不同，在参加英语教学活动的过程中，学生的“情感过滤层”大幅降低，便于对可理解性语言的吸收。可见，保持趣味性对学生的语言学习非常有利。

英语专业教学应确保活动具有趣味性，具体体现为活动内容丰富、形式多样，富有竞赛性、娱乐性、创造性。教师应努力为学生营造英语学习的氛围，使学生在耳闻目睹中提高学习效果。

五、情感性原则

以情施教原则。根据以情施教原则，教师为使情感与知识融合为一体，应在授课时引入积极的情感，从而实现以情促知、情知交融的效果。因此，教师首先要将自己置于积极的情感状态之中，这样才能带动学生的情感积极性。

寓教于乐原则。寓教于乐原则旨在让课堂教学活动在学生快乐的情绪下进行。这就要求教师能够预测和把握好一切变量，使学生乐于接受、乐于学习。值得注意的是，教师应当把调节情绪作为课堂教学活动的一个突破口，而不能整节课都在调节学生的情绪，这样才能使学生的学习状态达到最佳。

第四节　英语专业教学改革的目的与理念

时代不同，社会对人才的需求就不同。因此，随着时代与社会的快速发展，英语专业教学要进行改革，从而确保培养出的英语人才符合社会发展的需求。在新时代背景下，英语专业教学改革不仅要目的明确，而且还需要遵循科学、合理的改革理念，这样才能在改革实践中循序渐进，实现改革的最终目标。本节将详细分析英语专业教学改革的目的与理念。

一、英语专业教学改革的目的

从目的上看，英语专业教学改革要培养的是国际化的应用型复合英语人才，其要有良好的综合素质、牢固的英语语言能力基础、良好的跨文化能力、较高的英语专业知识水平和充分的相关专业知识水平；其要有良好的人文素养，热爱祖国，有国际视野，与国家与地方的经济建设和社会发展需要相适应，能熟练使用外语进行涉外行业、英语教育教学、学术研究等相关工作。

（一）迎合社会发展趋势

在当今大时代背景下，国与国之间的交往日益频繁，这就要求高校学生应该努力学习语言与文化知识，获取语言与文化技能。世界是一个地球村，经济全球化使交际呈现多样性，因此在英语专业教学中，教师除了让学生提升自身的语言能力，还应该让他们不断提升自身的跨文化交际能力，应对交际中出现的各种变化。

另外，随着多元社会的推进，交际者应该具备一定的合作能力与意识，无论生活在什么文化背景中，都应该为社会的进步努力，形成自己的文化意识，用积极的心态去认识世界。可见，英语专业教学中的跨文化交际教学将英语的价值充分地体现出来，学生对跨文化交际知识的学习也与社会的发展相符，是中西文化交流不断推进的必由之路。

开展英语专业教学改革时，要重视学生素质的培养和增强，重视对学生正确的“三观”的塑造，培养学生的劳动品质、道德修养和职业道德，培养学生的社会责任感、对祖国的热爱和全球化视野；重视培养学生的人文素养、艺术素养、人际交往能力、沟通能力，使其具备良好的团队合作意识和自然科学常识，对中外的优秀文化有一定的了解；重视培养学生健康的心理和强健的体魄；重视培养学生的创新精神和能力。

进行英语专业教学改革，要关注学生知识的积累，英语专业学生应当牢固地掌握英语的语言、文化、文学等基础知识，对主要英语国家的历史、社会、政治、经济、文化、科技等基本情况有所了解；对本国的语言文化知识有一定的认识，了解本国国情和国际动态；掌握本专业基础理论、基本方法和学术规范；对相关的人文社会科学和自然科学基础知识实现基本掌握。

英语专业教学改革应当重视学生能力的增强，英语专业学生应当有着较强的英语语言运用能力、英语文学赏析能力、英汉口笔译能力和跨文化能力；有着充分的思辨能力、终身学习能力、信息技术应用能力、创新创业能力、实践能力和一定的研究能力；有着较强的汉语表达能力和一定的第二外语运用能力。

（二）实现素质教育

现如今，我国非常推崇素质教育。作为一门基础课程，英语专业教学也是素质教育，乃至文化素质教育的重要项目。英语专业教学是实现素质教育的一个重要工具，也可以说是一个主要渠道。这是因为，英语专业教学除了传授知识，还要培养文化素质和文化思维，这与跨文化教学的要求有异曲同工之妙。因此，在教学中，教师必须将语言与文化的关系处理好，引入西方国家文化，汲取其中的有利成分，发扬我国的文化。

1. 培养学生的文化感知力

注重跨文化交际研究，教师在英语专业教学中有意识地向学生传授一些文化背景知识，可以使学生更全面地了解西方国家的实际情况，进而能在适当的场合使用准确的语言表达自己的观点。此外，教师不断向学生介绍一些英语文化背景知识和文化传统，可以让学生明白不同的文化、不同的语言具有不同的表达习惯和方式，可以提高学生对不同文化的感知力，增强跨文化交际意识和能力。

2. 培养学生对文化的敏感性

对英语专业教学的任务而言，除了要进行英语基本知识和技能的传授，还必须培养并增强学生对中西方文化差异的敏感性。对于这项能力，学生可以在课堂上借助教师对中西方文化差异的讲解和跨文化交际的研究达到这一目的。通过培养学生对文化的敏感性，可以培养具有强烈的家国情怀、中国文化自信、时代使命感和开阔的国际视野的人才；培养具有坚定的社会主义理想信念，具有良好的道德修养及心理素质的人才；培养爱岗敬业，具有坚定的职业理想、职业认同感和勇于奉献的精神的人才；培养具有良好的审美情趣和人文素养，能用英语讲述中国故事，传播中国文化的人才。

（三）发展批判性思维

在新时代背景下，英语专业教学应该不断培养学生的批判性思维，让学生对本国文化加以反思，然后采用多元文化的有利条件，对文化背后的现象进行假设，确立自己的个人文化观念。

（四）形成多元文化意识

对世界文化多样性的了解，有助于人们建立多元文化的意识与观念。

不同文化产生的背景不同，是不能相互替代的。基于全球化的视角，各个文化群体之间的交流也日益频繁，因此需要对异质文化予以理解与尊重，努力避免在交际过程中出现冲突。在新时代背景下的英语专业教学中，教师应该努力让学生积极理解不同文化，让他们对自身文化有清晰的了解，同时以正确的心态对待他国文化，应对世界的多元化。

（五）为学生创造学习异质文化的机会

当中西方两种文化互相接触与了解时，不可避免地会遇到碰撞的情况，很多时候，学生会感到不适应。因此，英语专业教师应该帮助学生避免这种情况，让他们有更多的机会了解异域文化，提升自身的文化适应力。

二、英语专业教学改革的理念

（一）以人为本理念

英语教育、课程与教学的根本主导思想是充分体现以人为本、以人的发展为本的思想。英语专业教学以人的发展为本的思想，根植于马克思主义哲学对人的本质，人与客观世界、社会文化的关系，人的主观意识、思维与外在世界、社会思想文化的关系以及人的生命活动与语言的关系等问题的精当且深邃的论述之中。

人的本质首先体现为物质世界中的现实人，现实人既是自然人，更是社会人；其次体现在人们与社会和思想文化的关系之中，人与人的关系是一切社会关系的总和。在人与人的社会关系和社会交往过程中，人们运用语言表情达意，或记录传承人类积累的物质文明和精神文明成果的精华，因而逐渐超越自然人，优越于自然人，最后成为社会人。

人之所以能超越和优越于自然人成为社会人，最根本的原因就在于人与人在社会中使用了语言这个最常用且最有效的信息交流和沟通的交际工具。马克思在批判费尔巴哈的人本主义时明确指出："人的本质不是单个人所固有的抽象物，在其现实性上，它是一切社会关系的总和。"[①]人的本质不是个人的天赋属性，也不是人类抽象的共性，而在现实中，人总是生活在特定的物质世界情境、社会和社会关系之中。

人在物质自然界中产生，又存在于物质自然界之中，而且人也只有在物质世界和现实社会中，特别是在人与人使用语言作为交际工具交流和沟通信息的过程中，才能成长和发展成为能动地、创造性地改造世界、改善人自身和推动社会发展的人。因此，英语专业教学的建设、发展和实施必须面向全体学生，面向每个学生个体和面向具有终身学习能力的、推动社会发展的人，并充分体现人的本质特征为根本的价值观取向。

课程与教学的本质是教书育人，既能促进学生德、智、体、美、劳综合素质的全面发展，又能使其个性化获得充分的发展。人是社会的人，一方面人的发展需要以社会为依托，人脱离了社会就不能成为社会人，难以生存和发展；另一方面，社会的发展也离不开人，社会是由人组成的，是人群的社会，社会脱离了人就不复存在了。这种人与社会相互依存和互促发展的关系还表现在：一方面，客观世界和社会发展制约着人的发展，另一方面，人充分发展的目的在于认识世界和社会及其发展的客观规律，并根据其内在逻辑发展规律能动地、创造性地改造世界和社会，并不断推动世界和社会的物质文明和精神文明的发展；而世界和社会的发展又反作用于人，不断促进人的全面发展和个性的自由解放。

英语专业教学发展和实施的目的也在于培养学生的综合素质，并使其个性获得自主、自觉和自由发展。这不仅是学生发展的需要，也是社会物质文明和精神文明共同发展的需要，更是创建和完善中国特色社会主义外语教育教学体系的需要。因此，英语专业教学务必紧密联系人与社会的发

---

① 王子璇，卜祥记. 对人的社会性本质的实践唯物主义解读［J］. 黑龙江社会科学，2020（4）：21-29.

展，并在人与社会生活情境发展的进程中求得自身的发展、创新、完善和有效的实施。

（二）语言能力发展理念

对于在课堂环境中的英语学习者而言，其英语能力要得到发展，通常需要具备以下几个条件。

1. 英语学习中必须有足够的可理解性输入

这一理念认为外语能力的发展需要具备两个必要条件，首先是学习者内在的语言学习机制，这明显受到了乔姆斯基的“语言天生论”的影响；另一个条件便是充足的可理解性输入，并且将其作为学习者获得语言知识的唯一方式。当然，语言输入并不是随机的、无序的，因为粗调语言输入（roughly tuned input）对于学习者而言可能太难或者太容易，进而影响学习者的外语发展。

因此，合适的语言输入需要充分考虑并切合学习者当前的语言认知水平，并且遵循自然语言习得顺序。假设学习者当前的语言水平为 i，那么可理解性输入水平就被定义为“i+1”，这就是克拉申最为著名的“i+1”关系式。如果当前水平是“i”，则摄入“i+1”程度的输入，其中，公式中的“i”表示学习者的当前水平，而“1”表示摄入的语言材料比所述学习者的当前水平略高[①]。简单地说，可理解性输入就是指“学习者垫垫脚就能够得着”的输入，是一种精心调校好的语言输入（finely-tuned input）。

虽然克拉申的理论针对的是在目的语环境下的第二语言的自然习得，但是其对于英语环境下的语言学习同样具有重要意义，对英语专业教学和学习有很多启示。比如，英语专业教学中要重视学习者的现有认知水平，在教学材料的遴选上要充分予以考虑；英语专业教学应该充分遵循循序渐进的原则，这符合一般的教育学和心理学原则。

2. 英语语言能力的发展必须以语言使用为前提

英语语言能力的发展必须以英语语言使用为前提，英语语言输出为英语语言能力的发展提供了强大的驱动力。

语言输出并非语言学习的结果，而是语言学习的过程。要使学习者成功地习得语言，仅仅依靠语言输入是不够的，还要迫使学习者进行大

① 李博琳. 克拉申“语言输入假说”综述［J］. 海外英语，2021（12）：103-104.

量的语言输出练习（pushed out put），这便是学者斯温所提出的可理解性输出（comprehensible out put）。不难看出，这是对可理解性输入的有效补充，斯温并未否定语言输入对于二语习得的重要作用，她只是认为可理解性输出是对前者的重要补充，在学习者的外语学习中扮演着重要角色。

语言输出的各种功能也得到了大量实证研究的支持。虽然语言输出在语言能力发展中的重要性无可厚非，但是语言能力发展的驱动力可能不止于此，还有其他的因素在发挥作用，意义协商便是其中之一。

3. 英语语言使用必须基于交际

英语语言使用必须基于交际，以意义为导向，而且英语语言使用者有足够的注意力能关注到语言形式。因为只有在语言使用中，才能真正地实现语言的形式、意义和功能的有效整合，才能真正促成语言能力的发展。语言使用要以意义为导向，就必须有大量的互动，互动的形式可以多种多样，可以在同伴间进行，也可以在师生间开展。

在英语语言输出的过程中实现了互动，使用者就能进行意义协商，促进互动调整，有效地把输入学习者的内在能力（尤其是选择性注意）和输出两者联系起来。通过协商，英语学习者会注意到自己的语言知识和目的语语言知识之间的差异，明晓自己英语语言知识的欠缺和不足。

可以说，意义协商启动学习的发生，接下来的语言输入是学习者语言知识内化的必要条件，进一步确认或者拒绝先前的语言假设。同时，通过意义协商，语言教学过程能够实现重形式教学，也就是在意义先导的情况下，将英语学习者的注意力转移到语言形式上去，在交际中学习和内化英语语言形式，实现英语语言形式、功能和意义的结合，促进英语语言能力的发展。

4. 英语语言能力的发展需要大量的负面证据

英语语言能力的发展需要大量的负面证据，需要外界的反馈（feedback）和提醒。外语能力的发展绝非一蹴而就、一帆风顺。学习者从一开始便磕磕绊绊，不断地在试验自己的语言假设，可以说语言能力发展就是学习者不断确认和否定自己语言假设的过程，而在这个过程中，反馈的作用无可替代。当学习者在语言使用的过程中出现了使用错误时，同伴或教师如果能够及时给予提醒或更正，将有助于学习者在实现交际功能时关注到自己的语言形式，注意到自己的语言形式与目的语语言形式的差异，实现语言知识的内化。

对于反馈作用的认识是伴随互动假说而生的，近年来一直是语言研究的热门话题。目前，口语反馈的作用已经得到了认可。大量的研究表明，在外语学习者进行口语交际的过程中，采用恰当的反馈形式，如请求重复等手段，可以显著提升学习者的语言表达能力，并促进语言习得。对于书面语反馈，则仍然存在争议，争议的焦点在于书面写作对于提升学习者的写作能力和促进习得是否存在作用。

虽然多数研究表明，采用恰当的书面反馈形式，如“间接标示错误+适当解释”，能够促使学习者注意到问题所在，并改善后续书面写作的准确性，促进二语习得。但是，由于研究方法论上的问题以及研究设计中的可重复性问题，这一结论还是受到了挑战。不过，这个争论仅仅存在于研究层面，在现实的教学层面，它几乎不存在。可以得出这样的结论：适当的反馈能够将英语学习者的注意力聚焦于某些特定的语言形式，促进其英语语言能力的发展。

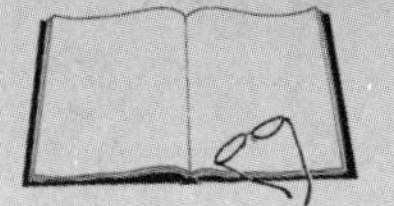

第二章 英语专业教学的现状

本章的主要内容是英语专业教学之现状，主要从三个方面进行了论述，分别是英语专业传统学科教学现状、英语专业混合式教学现状、英语专业教学中的其他问题。通过本章，我们可以对英语专业教学的现状产生更深入的认识。

第一节 英语专业传统学科教学现状

一、英语专业传统学科教学方法现状分析

英语专业教学中，传统的教学方法就是灌输式或者说教式教学，教师过于重视课堂的知识传授，而忽视了语言训练，学生没有充分的机会去锻炼自己的语言运用能力。英语交流基本只发生在教师和学生之间，生生之间由于自身知识水平和能力不同，难以实现理想的英语交流和英语讨论。英语专业传统的学科往往是老师教什么，学生学什么，学生的能动作用被压抑了，个体体验也被剥夺了，因此对参与教学过程的积极性不高[①]。

众所周知，每种语言都有其独特的形成结构，英语同样如此。英语不同于其他语言种类的特殊形成结构，既包括拼写和读法，也包括语法结构、语句表达等。英语专业的传统教学过程就是围绕着上述特殊结构，开展结构化教学。结构化教学方式指的是，对于完整的句子，进行内在结构上的

① 王春容. 传统英语教学与多媒体辅助英语教学对比研究［J］. 湖南第一师范学报，2008（3）：56-58.

分析和分解，将其拆分为多个单词、语法、句型等不同的语言单位进行英语教学。结构化教学有一定的优势，能够使知识更为详尽和完整，能够使学生在学习中掌握句子的构成规则，把握句子各成分间的逻辑关系，以及词或者词组的变化以及相互连接等。但是，过去长期的教学实践和很多毕业生调查显示，这种教学方法的效果仍有不足，没能带来长远利益，有助于学生应试，却没能促使学生提升英语综合应用能力。结构化教学方法的不足集中表现在如下几个方面。

（一）学生需要花费大量的时间和精力进行英语学习

如今城市地区的学校教育，英语教学基本上都是自小学三年级起，一直持续到大学毕业，其间有十三四年的英语学习时间，就算有的学生在初中才开始学习英语，持续到大学毕业，其间也约有十年的英语学习时间，并且英语学习在学校学习中所占的时间比重往往较大，初、高中阶段约为四分之一。大学阶段的英语专业主要是进行英语学习，可见，我国学生在英语学习上花费了大量的时间和精力。但即便如此，仍旧有不少学生的英语综合应用能力不强，甚至有学生大学毕业后，连一些基础知识也很快忘记了。根本原因就在于英语教学方法单调、死板、僵化。

（二）破坏语言的完整性，不符合学生学习知识的规律

语言是一种完整、连续的时间流向结构过程，思维过程是支配语言活动的内在动力，正是运用了思维，人与人之间才能够利用语言进行顺利的沟通和交际。但是传统的英语教学方式是结构化的，将完整的语言变为一个个词汇、短语等语言单位，这样的教学是对语言完整性的破坏，尤其是对语言内在思维的连续性的破坏，因此学生学到的是碎片式的、结构化的知识点，不能形成英语的思维，不能对英语形成良好的理解性吸收。此外，传统的英语教学方式与学生的记忆和理解规律不相符，对于完整句子的记忆，学生需要先对其中的单词和语法进行记忆，也就是将完整的句子变为没有充分联系的多个小知识点，然后对这些小知识点进行记忆，这就会导致学生增加记忆负担，增加知识理解难度。

（三）教学、学习、考评与应用之间不衔接、不配套

英语专业的结构化教学方法贯穿于整个教学过程，存在于教师的教、学生的学、学习结果的考试评价等各个环节，已然成体系。其中，考试评价不仅仅是对教学效果和学生学习成果的反映，也会对教师教学与学生学

习进行反馈，并产生重点导向作用，在对这种结构化教学进行加强的时候，往往会以考试为中心进行安排，最终归于应试教育，陷入“唯分数论”的怪圈，无法实现英语学习的根本目的。学生之所以进行英语学习，其根本上是为了应用，是要能够利用英语进行人际交流、进行实际的读写，但是这种实用、实践的目的与结构化教学体系之间难以衔接，也并不配套。

二、英语专业传统学科教学模式现状分析

（一）教学模式的具体内涵

“模式”是英文单词“model”的汉语直译名词，也可以称作“模型”“范例”等，指的是某种事物的标准形式或样式。美国哥伦比亚大学的乔伊斯于 1972 年将“模式”的理论首先引入教学研究，从而使教学模式成为独立的教育学概念。

不同历史时期，甚至是同一历史时期不同的学者对于教学模式的内涵也有着不同的理解。乔伊斯和韦尔在《教学模式》中对于教学模式定义的表述是：构成课程和作业、选择教材、提示教师活动的一种范型或计划[①]。国内的学者对教学模式有着不同的论述，部分学者认为，教学模式是建立于一定教学思想之上，用以完成某种教学任务、比较稳固的教学程序及其实施办法的策略体系；还有部分学者认为，教学模式是学生基于一定的教学思想，以一定的教学目的和内容为中心，借助一定的教学方法，在一定的时空内开展教学活动的模式。

不同的学者对于教学模式的具体内涵的理解存在差异，都立足于自身研究视角对教学模式的本质有所反映，这些内涵的理解有一定的积极作用，但是也反映出了概念内涵本身的局限性。必须将教学模式的本质特征作为出发点，才可以对其内涵和外延实现正确、全面的理解。其特点主要表现为三点：第一，系统性特征。教学模式是由教师、学生、教材、教学方法、教学环境等要素构成的教学方法论体系。第二，中介性特征。教学模式是教学的理论和实践活动之间相互沟通的中介和桥梁。第三，可操作性。教学模式是教学理论应用于教学实践，以及具体化后形成的方法论和

① 乔伊斯，韦尔，卡尔霍恩. 教学模式［M］. 北京：中国轻工业出版社，2004.

操作体系。所以，教学模式这个概念的定义应当是：建立于一定教学思路或教学理论指导下的教学活动策略体系和基本框架。其以简约的形式稳定地体现出来。其因素主要有五个：理论基础、教学目标、操作程序、实现条件和教学评价。对于教学模式而言，理论基础是思想基础和依据，其他因素受其决定性的导向作用；教学目标是核心，引导和制约其他因素，同时也是它们发挥作用的指针，对教学评价的标准和尺度有着规定性作用。从教学模式的特点、定义及构成要素的论述中我们可以看到，教师的作用在每一个教学环节都至关重要。

（二）英语专业传统学科不同类型教学模式现状分析

受不同时期语言学、心理学、学习理论、教育学理论以及我国英语教学目标定位的影响，英语教学模式可分为三大类型，分别是以教师为中心的讲授型教学模式；以学生为中心的交互型教学模式；在教学过程中兼顾教师与学生双方能动性的综合型教学模式。

1. 讲授型教学模式现状分析

讲授型教学模式以教师为中心，教材是学生获取知识的主要载体。在讲授型教学模式下，教师是课堂教学活动的主体和控制者，学生是知识的被动接受者，基本不参与课程教学活动。这种教学模式在以“阅读为主”的教学目标定位下能较好地满足教学和人才培养的需要，有利于学科知识的系统掌握，但这种模式无法有效激发学生的积极性和主动性，仅仅把学生看作是“机械人”，不利于学生语言交际能力和应用能力的培养。

2. 交互型教学模式现状分析

交互型教学模式以学生为中心，学生是课堂教学活动的主体，教师则是教学的设计者、协调者、引导者。20 世纪 80 年代中期，随着自主学习理论和人本主义教学理论研究的兴起，英语教学大纲将培养听、说、写的能力纳入教学目标体系。为实现该目标，我国英语教学开始引入交际法等教学方法，尝试构建交互型教学模式，强调教师与学生以及学生与学生之间的课堂互动，把学生置于教学的中心地位。虽然交互型教学模式的理念有利于改变讲授型教学模式的弊端，有助于学生语言交际能力的培养，但这种教学模式的实现对班级规模、教学条件，尤其是对教师素质提出了很高的要求。如果教师放任自流，教学设计不到位，教学组织不严密，尤其是在学生自主学习策略尚未形成的情况下，很容易造成课堂教学的无序。因此，受英语班级规模、教学条件以及教师素质的影响，该教学模式在英语课堂教学实践中并未得到落实。

3. 综合型教学模式现状分析

综合型教学模式是在综合考量前两类教学模式的基础上发展而来的，课堂教学强调以教师为主导、学生为主体的“双主”教学模式，注重教学相长，在课堂教学活动中调动教师“导”和学生“学”的积极性，不但能够充分发挥学生学习的主动性，而且还可以强调教师的引导作用，在教师的引领下，将学生从知识的被动接受者转变为知识的主动探求者。基于信息技术的支持，将相关网络学习资源与课堂教学内容相结合，利用技术设备的有利条件，使这种综合型的教学模式成为可能。采用这种教学模式可以把传统的课堂教学与学生的自主学习有机结合起来，不仅丰富了学习内容，更有助于教学效果的提升。但是在实际的英语学科教学当中，这种模式仍旧停留在初级发展阶段。

以上三种英语教学模式，既反映了不同历史时期英语教学的特点，也体现了英语教学模式形成和变革的基本历程。从变革历程中我们可以看到，英语教学模式的变革主要经历了两个阶段：一是讲授型教学模式，也就是我们所说的传统教学模式；二是综合型教学模式，主要是指基于信息技术和课堂的英语教学模式，也就是我们所说的新教学模式。然而，被教学理论所推崇的交互型教学模式，由于受各种因素的影响，大多应用于专业外语教学。该模式在英语教学中仍然只是停留在理念层面，并未在实践教学中得以应用。

第二节　英语专业混合式教学现状

随着信息技术的高速发展，传统教学已经难以满足高校学生个性化和差异化的学习需求。移动学习、在线学习等新的学习方式已经越来越普遍，但是单纯的网络学习忽视了教师的主导作用，教学监控难度大，教学效果有时不尽如人意。

一、混合式教学的具体内涵

混合式教学指的是对教学相关的信息技术进行整合利用，实现新教学工具和传统课堂教学的混合。混合式教学模式中，教师要突出自身的主导地位和作用，也要尊重和发挥学生的主体性。关于混合式教学模式，教育学者们形成了各种差异化的观念和看法，但是他们都不约而同地重视各要素与网络学习的有机结合。

弗兰克斯认为混合式教学可以充分发挥在线和课堂教学相结合的优势，有利于让学生自主灵活地学习，属于多种教学方式与教学技术的融合[①]。其他学者的看法并非如此，部分学者指出混合式教学是对多方因素的融合，而非线上、线下教学的简单拼接。例如，将课堂教学与线上教学相结合，课前让学生进行线上自主预习，课堂上进行重难点知识讲解和问题回答，强化课堂互动，课后进行线上测试，进一步完善良好的教学生态，构建多渠道、多角度、多层次、多形式的混合教学模式，实现对教师的主导性、学生的主体性的最大化，有效增强学生英语学习能力和综合运用能力。

二、英语专业混合式教学存在的问题

（一）教师实施混合式教学的意愿不足

在高校英语教师看来，在开展混合式教学的过程中，自身工作量不仅没有减少，相反还增加了。为了开展混合式英语教学，英语教师需要对教学平台的操作进行学习，调整原本的教学方式，对课程教学内容进行重新构建，花费时间和精力去制作各种教学视频，以及参加在线讨论。学生在进行线上自主学习的时候，与教师是时空分离的，教师需要增强对学生学习情况的关注，及时监督和反馈，要投入更多的时间分析各个学生的线上学习数据，并基于各个学生的具体情况进行课堂教学安排的设计，不能再采用过去的教学流程和环节安排，要对混合式课堂教学流程进行重新设计。所以，教师开展混合式教学的意愿不足。

（二）教师实施混合式教学的能力不强

从知识结构上看，英语教师的教学能力体现了文科的特点，对于信息技术的掌握和应用能力不足，很难将之与课程有机结合，难以高效开展混合式教学。有的英语教师对于混合式教学的认识不够充分、不够深入，将

---

① 林春香，袁艳玲. 建筑行业英语混合式学习环境建设探究［J］. 科教文汇（下旬刊），2019（10）：76-77.

之看作“课堂教学+线上学习”的机械拼接，将线上英语学习资源看作课堂教学的补充，看作拓展资源，认为学生可以利用这种线上学习资源，也可以不用。教师仍旧将课堂看作教学的唯一核心场所，延续之前的课堂教学方式，没有根据学生的线上学习情况对课堂教学的内容和环节作出调整，也没有在课堂教学中对学生的线上学习情况进行评价，最终使线上学习流于形式。有的教师关注学生的线上学习情况，并将此作为成绩评价的一部分，但是没有做好线上资源的建设，只看数量不看质量，没有使线上学习资源形成一定的系统、体系，导致线上学习只是增加了很多杂乱的学习资源，没有发挥线上学习的最大作用，反而增加了学生的学习压力，使学生对于线上学习产生无所适从和抗拒的情绪。还有部分教师做好了线上课程建设，构建了体系化、系统化的学习资源库，学习资源优质且多样，但是没有将之与课堂教学有机结合，线上学过的知识在课堂上重复讲，浪费了时间，没有实现混合式教学的优势最大化。这些都在根本上反映了教师对于混合式教学的认识和重视不充分，不具备足够的混合式教学能力，使混合式教学过程中问题重重。

（三）传统学科教学理念根深蒂固

在过去长时间的传统英语教学中，形成了“以书为本，教师主宰课堂”的封闭式课堂模式，以教师为中心的理念根深蒂固。多数教师将自己看作课堂的支配者、主宰者，教师传授知识，学生只要接受知识就行。因此，不少教师对自己的教学进行精心打磨，授课过程十分精彩和吸引人，对于这种传授知识的过程十分享受。在这种授课方式之下，教师实现了对课堂的较好的掌控，能够对教学进度进行合理调节，但是不能对学生的学习效果、成果进行掌握，不知道学生学到了多少、理解了多少。英语教师要开展混合式教学，就必须改变这种传统的教学理念，认识到学生的主体地位，否则难以弥补传统英语教学的缺陷，难以使混合式教学优势最大化。

除了教师，学生也深受传统英语教学理念的影响，形成了陈旧的学习观念，这集中体现为三点：第一，在教师传统教学理念之下，多数学生习惯于作为知识的被动接受者进行接受性学习，过分依赖教师，习惯于听从教师的安排和指挥；第二，学生没有充分的课堂参与度，将课堂学习看作单纯的听课，对新的学习方式难以从根本上接受，最终讨论学习、合作学习都成为一种形式；第三，学生没有充分的自主学习意识和能力，脱离了教师的监督就难以积极自主地进行学习。

（四）大学生对线上学习存在抵触情绪

第一，实际教学中，学生要完成较多的学习任务，会产生懒惰心理，往往难以高质量完成课前的线上预习；第二，信息技术不断发展、教学改革持续深化，越来越多的教师开展混合式教学，除了英语的线上学习，学生可能还要进行其他的线上学习，学习压力大大增加，课外时间减少，所以，没有线上学习的热情和意愿。

（五）大学生对线上学习情感体验不足

线上学习没有严格的时空限制，学生能够根据自己的情况自主作出个性化学习安排，这也是混合式教学的优势之一。但是，也因此，学生往往是独自进行英语学习视频的学习，遇到较难的知识点，难以理解的问题，凭借自己的能力难以及时解决，就会形成挫败感，导致学习自信和学习热情受到打击。同时，在线学习的情感交互较少，难以调动学生的情绪，也导致其学习效率较低，部分学生的自主学习意识和能力较差，通常很难坚持高质量的线上学习。这些问题背后的原因在于线上学习缺乏交互设计，教师没有及时跟踪学生线上学习情况，从而无法及时反馈。

（六）高校政策支持、硬件设施不够完善

学校对于混合式教学没有做好充分的准备。基于现在的混合式教学实践，可以发现高校混合式教学准备的不足主要体现在以下两个方面。

第一，高校没有给予充分的政策支持，缺乏学校层面的混合式教学模式推广政策。例如，没有针对混合式教学模式进行课时调整，混合式教学将部分教学从课堂转移至课下，但是没有为学生的课下自主学习提供充分的时间，而过分挤压学生原本的课余时间，导致学生没有时间完成线上学习，或者只能挂机式学习，无法实现理想的学习效果。

第二，高校没有给予教师充分的支持。很多教师开展混合式教学主要是凭借自己的兴趣和热情，但在建设在线课程、进行混合式教学以及支持学生线上学习等方面，学校都没有给予教师人力、物力、资金等帮助和激励。尤其当前，各高校的硬件设备还存在一些不足，难以为混合式教学模式在英语课堂上的顺利进行提供保障。采取混合式教学，首先要为学生提供至少一人一台电子设备，如电脑，但是高校英语专业往往是大班授课，一堂课中有多个班级的学生上课，很难实现一比一的电脑配备，因此混合式教学的实施具有一定难度。尽管现在的大学生基本人手一部智能手机，但是在课堂上学生都用手机进行混合式学习，并不能确保最终的学习效果。

现在，对于学生的线上学习情况，教师基本上借助线上测试和课堂提问来了解，但是前者的真实性不足，后者又存在滞后性，这就意味着教师很难有效监督学生的线上学习，难以掌握学生真实、准确的学习情况。

第三节　英语专业教学中的其他问题

一、英语专业“分班教学”中存在的问题

（一）“分班教学”的具体内涵

民办高校的英语专业有着“分级”概念，通常英语专业会设置精英班、实验班和普通班，这种分班以学生认知能力为划分标准，出于认知规律和语言学习的目的，按照大纲的要求，立足于好、中、差各类学生实际，明确不同层次的要求，开展不同层次的教学，进行不同层次的指导和检测，帮助学生在各自的最近发展区内实现最充分的发展，较为理想地完成学习任务，体现成功教育，激发学生英语学习的热情和积极性，进而提高全体学生的英语素质。“分班教学”具体表现在设立精英班、实验班与普通班，基于因材施教的原则，将培养学生的学习能力作为主要教学任务，主要采取启发式、讨论式和开放式的教学模式，讲授和评估的全过程都是有层次的，能够对自然班授课的不足进行弥补，让学生基于自己的起点取得进步。

（二）英语专业“分班教学”中普通班教学存在的问题

在英语专业教学中开展“分班教学”，能够有效促进学生成绩提升，

也能够为教师基于学生实际情况调整教学提供帮助。但是，在“分班教学”的开展过程中，也要注意妥善处理遇到的问题，否则就难以实现理想的教学效果，尤其是普通班的教学问题。“分班教学”中尤其要重视和做好普通班的教学，使学生成绩进步。

1. 普通班学生的学习表现问题

首先，学习兴趣问题，普通班学生缺乏明确的目的。普通班有很多的学生对于英语学习并不重视，将其看作是可有可无的，自己既不出国，以后在工作中也未必要运用英语，因此没有足够的学习兴趣和明确的目的。最初的英语学习源于学校的要求，尽管对陌生语言会有一定的好奇，但是随着学习难度的增加，要求也逐渐提高，要掌握大量的词汇和复杂的语法，他们逐渐丧失兴趣，不再积极学习。正是因为他们对于英语学习没有形成正确的认识，所以他们内在没有学习英语的真正需要，自然无法形成良好的、长期的英语学习兴趣。

其次，学习方法问题，普通班的学生缺乏学习主动性。普通班的学生将英语学习等同于对大量的英语单词和语法知识的记忆，因此只是机械地拿着单词本、语法册死记硬背，而非结合具体情景去理解和记忆，也不进行听、说、读、写的综合训练。部分学生没有套用和类推的能力，不能举一反三和灵活理解，只能反复记忆，浪费大量的时间和精力。这种错误的学习方法，自然难以收获良好的学习效果，反而使学生感到挫败和厌烦，逐渐放弃英语学习。而且，普通班的学生依赖心较重，往往是教师怎么安排怎么学，对于课上不懂的知识课下也不解决，无法高质量完成课后作业，应付式学习，没有良好的英语学习习惯。

最后，心理因素的影响。学习成绩一般的学生很难得到家长的认可和教师的关注，接受的是来自这两者的消极情感，自然会对学习形成抗拒和自卑的心理。部分学生的高中成绩不够理想，努力考上大学，希望开始新的生活，但是分级考试后被分到普通班，容易产生不良情绪，感到不如人，进而在学习上自暴自弃，最终厌学。也有学生不敢开口说英语，害怕发音不准确遭受嘲笑，也害怕和教师互动。亦有部分学生努力学习英语但是成绩不佳，长时间就会形成退却心理，最终放弃英语学习。此外，普通班的学生缺乏纪律性，不少学生会在课堂上听歌、睡觉……做与学习无关的事，甚至有学生多次旷课，没有良好的班级学风。上述都是普通班英语教学效果不佳的原因。

2. 普通班教师的教学问题

在部分教师看来，普通班落后于精英班、实验班的原因在于基础知识水平不高，所以在教学中偏重于英语基础知识的讲解和教授，采取单一、乏味的教学法对其知识薄弱之处进行强化，忽视了学生的心理特征和学习的规律、方法。而普通班学生不具备良好的学习基础，对知识的理解能力一般，学习能动性一般，难以专注于课堂教师的讲授，并且往往不愿意发言，因此课堂没有形成积极活跃的学习氛围，部分教师完全采取灌输式教学，很少和学生互动，难以调动学生的注意力、学习热情。这样的教学将学生完全放置于被动的位置，导致学生学习的积极性和主动性较低。时间长了，不仅学生，连教师自己都会感到厌倦，从而影响教学效果。

（三）英语专业“分班教学”中存在的学习焦虑问题

“分班教学”打破了传统的以专业为基础的行政班级教学模式，导致学生之间陌生感和交流障碍的激增；同时，“分班教学”的升降级制度又会使部分学生承受更大的心理压力。由此可见，“分班教学”所引入的竞争机制使各个层次的学生出现了或多或少、或长期或短期的心理压力和焦虑情绪。

1. 学习焦虑的表现

学习焦虑是一种特定情景下的焦虑，是学生因英语学习过程的独特性而形成的一种与课堂语言学习相关的自我意识、信仰、情感和行为的情绪。其大体表现为以下三种形式。

（1）交际畏惧

交际畏惧是指学生在想到真实发生的或者预期会出现的交际活动而形成的恐惧或焦虑心理，典型的行为模式是交际回避和退缩。

（2）考试焦虑

考试焦虑主要源于对考试失败的恐惧，是学生担心考试成绩不佳可能带来的种种不良后果而导致的恐惧心理。

（3）负评价恐惧

负评价恐惧更多地表现为一种预期心理，它是学生因他人可能会对自己做出负面评价而产生的畏惧感和沮丧的心理。

2. 学习焦虑的根源

“分班教学”是对传统英语教学方式的一次革命，其核心是竞争机制的引入。因此，“分班教学”会导致学生学习过程中新焦虑源的产生。

学生在开始学习英语专业之前首先面临的就是分级考试，面对这样一种区分英语水平高低的考试，学生会承受一定程度的考试焦虑。

对于很多学生而言，“分班教学”会使那些原本在其他课程上和自己水平相当甚至不如自己的学生进入更高级别的英语班学习。以往只在一个自然班级内部存在的某一门学科学习水平的差异，会因为“分班教学”的实施而扩大到整个学院，乃至整个学校。因此，他们可能会承受“自己不如别人”甚至“别人可能会看不起自己”的负面评价所带来的恐惧和心理压力。

“分班教学”模式下，学生除了要面临伴随着期末考试而来的升级或者降级的压力，还要去适应流动的班级同学、不同的授课教师以及不同教学风格的变化。

“分班教学”会使一些学生提前修满学分并根据个人兴趣选修一些课程，从而在更高层次上提高自己的英语水平，这一机制的调整会在学生之间造成心理上的不平衡。

课堂活动形式、教师的教学观念和方法、师生之间的交流、教师纠正错误的方式等外部因素同样会导致学生语言学习焦虑的产生。

学生自尊心的强弱、对竞争的适应力、对学习过程中模糊现象的宽容度等因素都会使学生在语言学习过程中产生焦虑的心理。

二、英语专业网络教学中存在的问题

显然易见，英语专业网络教学能够带来较好的教学效果，使师生能够在课本之外获得延伸，获得丰富的资料，实现深入的教学互动，使学生能够在教师的指导和监控下自主学习。现在，诸多高校都在积极进行网络教学技术的应用，以及基于此开展英语专业教学改革，并且收获了较为成功的效果。但是，这种英语专业网络化教学仍旧是刚刚起步，还面临着很多问题，存在很多需要完善之处。

英语网络教学虽然被公认为在提高学生英语听说能力方面具有极大的作用，相较于传统的课堂教学，能够更好地激发学生的积极性，具有良好的发展前景，然而其实践并非一帆风顺。

（一）部分教师和学生对于网络化教学环境难以适应

如今，多数英语教师的学科结构偏向文科，缺乏较强的计算机能力。特别是一些老教师，对网络教学手段心存畏惧，不愿在实际教学中运用信息化技术。同时，也有部分教师重视职称评定，将大量精力投入提升学历和撰写科研论文，导致他们在教学改进上投入不足。他们认为，无论教学方法如何改革，都无法为个人职业发展带来更高的提升，因而缺乏开展网络教学的积极性。这些因素都严重阻碍了高校英语专业网络教学的顺利进行。

与此同时，我国疆域辽阔，各区域之间在教育上有着极大的差距，部分贫困地区的学生对于电脑感到较为陌生，很少，甚至从未使用过电脑，缺乏一定的电脑操作技能和利用电脑进行学习的能力，也不具备这样的硬件条件，因此，英语专业网络化教学就给这样的学生带来了困难，甚至容易导致学生产生厌学心理，抗拒网络化教学。

（二）教师不能及时转变角色

如今的英语专业网络化教学中，部分教学经验丰富的教师不具备充分的网络化教学技术，具备良好的网络化教学技术的教师的教学能力还需加强，两者俱佳的教师较为缺乏。大部分英语教师对传统教学比较习惯，尤其是老教师，没有足够的网络化技能，对网络化教学比较排斥，害怕不能适应新的教学模式而导致教学效果不佳；在已进行的英语专业网络化教学中，也有着组织和管理不当的问题，如没有与网络化教学模式相适应的评价机制，无法给学生及时的反馈，损伤学生学习兴趣，等等。

部分教师没有转换角色，没有适应英语专业网络化教学中的教师角色，不仅没有发挥应有作用，反而产生了一些不好的影响。在不合适的定位下，教师很难有效主导和掌控教学过程。同时，由于传统授课方式的影响，一些教师知识单一，没有足够的英语交际经验，难以组织学生开展课堂交际活动，难以进行个性化教学。

（三）学生的自主学习能力缺失

在过去“教师中心”的教学理念和方式之下，学生更习惯于被动学习，缺乏自主学习能力，不会围绕网络教学内容安排自己的课外学习，不知道应该何时学、学什么、如何学等，结果导致学习效率低、学习效果差①。当前教育目标之一在于培养学生终身学习意识和自主学习能力，英语专业教育也是如此。自主学习指的是学生能够自觉明确学习目的、目标，采取适合的学习方法，自我监督和评价。也就是说，自主学习就是自己安排和负责自己学习的能力，这与个性化学习效果有直接关系。

1. 英语学习动机不利于学生自主学习

当前我国的英语专业教育仍旧无法彻底摆脱应试教育的影响，有些学校将大学英语四、六级考试和学位证相关联，学生为通过大学英语四、六级考试，往往会花费大量精力进行应试训练，从而忽视了系统化的英语学习。将好成绩作为英语学习的主要动机，这种成绩动机有双面性，一方面能够激励学生的短期学习，但是不能使其学习积极性获得根本上的提高，另一方面，还可能抑制有长远意义的内在兴趣动机，不利于学生的自主学习。

2. 传统的英语学习习惯使学生不会自主学习

我国的传统教育模式就是以教师为中心的灌输式教育。传统的英语课堂上几乎都是教师在讲解知识，学生缺少训练英语能力的机会，只能完全依赖于教师的安排，处于被动的地位。这极大地限制了学生学习的积极性，导致学生丧失英语学习兴趣，不具备良好的自主学习能力和习惯。因此，网络化教学这种需要学生进行自主学习的新型教学模式，对于多数学生而言是较为陌生和难以适从的，需要一定的时间才能够适应。

① 朱晔. 英语网络学习策略缺失问题及其对策［J］. 外语电化教学，2005（1）：23-26.

3. 学生在无人监督下的自律性差

在大学之前的学习阶段，学生在教师的严格监督和督促下学习，在脱离这种监督之后很难自觉专注于学习。而高校学习主要就是依靠学生的自觉性和自律性，加之英语专业网络化教学是学生自主的学习模式，部分学生即使认识到英语学习的重要性，但是在自主学习过程中往往很容易走神，教学视频看到一半就不自觉地去娱乐，或者将教学视频当作娱乐的背景音乐。这都反映出网络化教学模式下，学生没有明确的学习目标、有效的学习计划以及学习的毅力。

第三章 英语专业教学的深度改革

本章的主要内容是英语专业教学之深度改革，主要从四个方面进行论述，分别是教学内容与目标、教学设计与方法、教学模式与评价、教学策略与实施。通过本章，我们可以对英语专业教学的深度改革产生更深入的认识。

第一节 教学内容与目标

一、英语专业教学内容

（一）英语专业教学内容改革的理论基础

建构主义学习理论认为，学习并非一种被动的“复制”活动，而是学习者积极主动地构建、重组、改造和发展自身认知结构的活动。教师要了解学生的想法，观察学生对于呈现出来的信息有什么反应，培养学生建构重要概念与原理的能力，为学生意义建构提供素材、手段、模式以及良好的学习环境。引导学生了解建构的意义，是为了引导他们深刻理解当前学习内容中体现出来的事物本质、规律以及该事物与其他事物之间的内在联系。因此，课堂上的教学过程应是师生共同参与的、有目的的认知加工的过程。目前，英语专业课堂教学内容没有科学系统地体现英语语言的内在规律和语言要素的内在联系。

认知理论为英语专业课堂教学内容的改革提供了理论依据，认知研究是在心理学的基础上发展分化而来的，深入系统地揭示了人类对世界的认识以及掌握过程。在认知上，语言学习关系到怎样积累词语、词组与句子，怎样区分概念与规律，怎样诠释和表达。学生习得外语也是一个复杂的认知心理过程。在英语专业的学习过程中，认知客体是英语，认知主体是大学生，尽管在知识结构、理解力与记忆力方面，大学生有着比较明显的优势，但也应灵活运用不同的认知策略与学习策略。认知理论认为，命题是人类知识存在的一种基本形式。命题是由两个或者更多的概念构成的一句话。一句话可含有若干个命题，组成命题网络，把事件信息存储到人们的记忆里。言者与听者之间通过传递和接收不同意义的命题实现交际的目的。表达时常常会出现歧义现象。这是因为储存于人们记忆之中的只是命题而非句子，在表达时使用的未必是原句。语言表达与思维方式、母语知识、认知风格、认知策略之间的依存关系远不是传统语法能够揭示出来的，当前英语专业课堂教学内容很难达到教学改革之目的。

（二）英语专业教学内容的深度改革

1. 建构个性化的英语语言体系

教学内容改革帮助学生建构个性化的英语语言体系应成为教学的主要内容。教学改革的目的是提高大学生内化的英语语言能力，要求学生应具有良好的英语语言运用能力、英语文学赏析能力、英汉口笔译能力和跨文化能力；具有良好的思辨能力、终身学习能力、信息技术应用能力、创新创业能力、实践能力和一定的研究能力；具有良好的汉语表达能力和一定的第二外语运用能力。语言学习是由输入与输出两部分组成的，以外语为例，它是由听说读写译五项技能组成。其中，阅读在英语教学中占有举足轻重的地位，它不仅能促进对词汇、语法等知识的掌握，而且还能够培养学习者用所学到的语言进行交际的能力。对广大的中国学生而言，英语阅读是一种翻译，或者说翻译是阅读理解的外在表现。这五项技能之间有着密切的联系和互补的作用，主导这五项能力的是庞大的英语语言系统。因此，对学习者而言，了解并掌握这几种基本的技能是十分必要的。事实上，语言体系是每个语言使用者都拥有的，针对特定的语言，既包括广义的语言体系，也包括狭义的个性化语言体系。在日常交流中，交际双方使用的是广义的语言体系，语言学习是学习者建构个性化的语言体系的过程，在这种情况下，如果不注重培养他们运用自己个性化语言体系的能力，那么就会导致他们对语言知识的盲目依赖，从而使语言学习失去应有的意义。因此，从理论上说，英语专业教学应把帮助学生建立自己的个性化英语语言体系作为重点。那么，什么是英语语言体系？英语语言体系是指由语音、词汇、语法、文化、语境等因素组成的一个有机系统。

其中，学习者个体对该体系的认知能力是影响整个英语语言体系学习效果的关键。课堂教学对语言体系要素以及要素之间的相互关系进行全面的揭示，学生在教师的引导与协助下自主学习，在听说读写译的语言实践过程中领悟与验证英语语言体系及诸要素之间的有机联系，由此达到内化英语语言知识的目的，也就是说，要真正掌握“组装和使用这些零件的技能和方法”。

建构个性化的英语语言体系是非常有必要的，也是可操作的。目前国内高校英语教学普遍存在“重理论，轻实践”的倾向。国内外的英语研究大多为经院式的独立系统，与中国大学生英语学习的现实相脱节，学生在建构英语语言体系的过程中很难做到自主学习，需要老师的引导与帮助。随着社会信息化发展速度的加快，高校英语教学改革势在必行。依托计算机及校园网进行英语专业教学改革，使教师摆脱沉重的教学课时，这样他们才会有时间休息和调整，静心思考，不断学习，提升科研水平。这对培养复合型人才有着十分重要的意义。作为独立的语言，英语与汉语千差万别，但是在作为交际工具时，英语和汉语起到了相同的作用，英语和汉语之间不仅存在着语言差异性，还有一种功能相似性。因此，在外语教学实践中不能只强调一种语言教学方法，而要根据不同时期学习者的需要来选择合适的教学方法和教材，同时也必须重视各种教学方法之间的相互补充与综合应用。如果我们能够把这两种语言综合在一起进行学习，发现语言的普遍规律性，认同英汉语言在形式上的差异是语言发育过程中的理性产物，必将极大地提升母语学习经验对外语学习的利用价值，通过合理挖掘并有意识地利用学生原有的语言认知能力，将极大地缩短学习外语的时间，克服外语学习畏难心理，使外语学习变得轻松快乐。因此，如何根据不同学习者的实际情况选择合适的教学策略来提高教学效果就成为英语教学实践中亟待解决的问题之一。

应用功能语言学、现代语言教学理论，如认知心理学的最新研究成果，使教师在充分研究教学内容和教学对象的基础上，采用英汉对比的方法进行归纳和整合英语语言规则，分解教学目标，将其细化为有机的英语语言知识体系，并由此引导学生对已有的英语知识、所拥有的英语能力进行盘点，有助于其个性化建构指标体系的设计，同时也可以为英语教学提供有效地理论指导和实践依据。个性化的英语语言体系构建过程中涉及的语言规则的归纳与融合，应建立在消化与吸收现代语言学诸门学科的最新成果之上，在充分理解教学内容、系统分析与科学总结的基础上。遵循一定的原则，这样才能有效地促进学习者自主构建英语语法系统并提高其实际应用水平。规则应涵盖思维方式、语言表达、结构转换、遣词造句等层次的内容。

2. 对教材内容的深度改革

在英语专业课堂教学中，教材的选择无疑是非常重要的。因为教材不仅能反映出学科领域内最新的研究成果和学术水平，还有助于学生掌握相关的知识体系，通常由各校统一安排教材。随着社会的进步，出版社还会不断地修改教材。教材的编写与修改可以为教学活动提供良好的指导和帮助，有助于提升教学效果。但在实践中，教师需要结合个人教学的实际，创造性地运用教材，合理选择教学内容，巧妙地安排教学内容的次序，包括教材内容的删除、更换或增补等。此外，教师还要注意教材内容与其他相关内容之间的联系。如果教学内容关注以人为中心、注重社会发展，那么就会使教材内容变得丰富，题材也会更加新颖，设计逻辑性更强，体现出教师团队协作和思辨能力等，从而使学生达到布鲁姆教育目标分类法所描述的记忆—理解—应用—分析—评价—创造的学习过程。

3. 实现课程思政与英语专业教学的结合

英语专业开展课程思政，既是国家发展对人才的要求，又是建设新文科的内在需要，同时也与学科的根本属性相符合，这也是英语专业发展的新机遇。从实践来看，通过将课程思政融入英语课堂能够提高学生学习的积极性，培养他们良好的思维方式和道德品质。但是，必须指出的是，英语专业课程思政不能仅仅依靠从上到下的政策文件的指导，而是要求所有英语专业的老师及其他老师要有思政教育的意识，实施协同教学，开展含有思政维度的教学与课程评价。目前，我国英语专业课程体系存在着“重理论轻实践”、教学内容与学生实际脱节等问题。从这个层面来讲，教师的理念转变、英语专业课程体系的统筹规划非常重要，前期要具有评价意识，重在讲述、学习、评价三者的融合，以免出现孤立化、碎片化的问题。

课程思政改革要求融入英语专业语言教学的各个环节、活动和语言能力的培养、思辨能力的提高中。课程思政要求我们在专业建设中要把“立德”放在第一位，并使它贯穿于整个英语教学过程中。英语专业课程思政应更多地从课堂小视域中跳出来，在英语专业课程之间以及专业课程和思政理论课之间实现协同，在整个过程中树立评价意识，进行科学的评价活动，这样不仅能够帮助学生实现知识学习的目的，还可以指导学生达到能力培养和素质提高的目标。从本质上看，课程思政就是将思想道德品质教育贯穿于英语教学的全过程，并通过课堂教学、课外实践等手段来实施。但课程思政的关键因素在于人，在于所有的英语专业教师，因此，应提高英语专业教师的政治素养，强化英语教师的全局统筹意识，加强同其他课程教师思政育人的协作意识。

二、英语专业教学目标

2000年《高等学校英语专业英语教学大纲》（以下简称《大纲》），提出我国高等学校英语专业人才的培养目标是"培养具有扎实的英语语言基础和广博的文化知识并能熟练地运用英语在外事、教育、经贸、文化、科技、军事等部门从事翻译、教学、管理、研究等工作的复合型英语人才"，认为英语专业学生"应具有扎实的基本功、宽广的知识面、一定的相关专业知识、较强的能力和较高的素质。也就是要在打好扎实的英语语言基本功和牢固掌握英语专业知识的前提下，拓宽人文学科知识和科技知识，掌握与毕业后所从事的工作有关的专业基础知识，注重培养获取知识的能力、独立思考的创新能力，提高思想道德素质、文化素质和心理素质"[①]。这一培养目标的制订，在当初既有它的科学依据，也有一定的前瞻性，但随着8年来全国英语教育形势的发展，重新审视《大纲》提出的培养目标，不难发现一些与新的英语教育形势不相适应的地方。所以，在2018年1月，教育部发布了《普通高等学校本科专业类教学质量国家标准（外国语言文学类）》；2020年，教育部高等学校外国语言文学类专业教学指导委员会颁发了《普通高等学校本科外国语言文学类专业教学指南》，这无疑为英语专业教学目标的制订提供了更加明确的方向。

（一）明确文化定位

在英语专业教学中，需要明确母语文化和目的语文化的定位。中华文

① 高等学校外语专业教学指导委员会英语组. 高等学校英语专业英语教学大纲［M］. 北京：外语教学与研究出版社，2000.

化是世界文化中的珍宝，在人类文明中占据着重要的地位。英语专业教学在内容的安排上也应该以中国文化为基础，熟悉中国语言文化知识，了解我国国情和国际发展动态，这也是英语专业教学目标对于学生在知识水平方面的要求。在跨文化交际过程中，交际者不了解自身母语文化是无法进行长久交谈的。可以说，母语文化是进行跨文化交际的根本。但是，在具体英语专业教学中进行中国本族文化的教学似乎有点本末倒置，鉴于此，教师可以通过母语文化英译、文化对比等方式展开母语文化的学习，同时也能在一定程度上提升学生的文化对比能力，使学生具有良好的汉语表达能力和一定的第二外语运用能力。

在许多国家，英语是官方公认的通用语言，并且它也逐渐成为全球性的国际通用语言。随着英语使用范围的扩大，其在交际中的传播与媒介作用也愈加凸显。鉴于此，英语专业教学必须紧跟时代发展的步伐，扩展具体英语专业教学的内容。对于相关英语国家文化的教学是英语专业教学的重要内容，需要培养学生的文化身份意识，定位自身的文化属性，树立正确的世界观、人生观和价值观，培养学生的社会责任感、中国情怀与全球化视野。

只有了解了英语国家文化，学生才能反过来更加深刻地理解母语文化。从这个意义上说，英语专业教学在文化传承上也有着重要的媒介作用，需要学生在认识本国文化的基础上，积极吸收不同国家文化的精华，从而为日后的跨文化交际打下良好的基础。

（二）培养学生的能力

文化的学习是为语言的应用服务的。英语专业教学在培养人才的过程中还需要注重对学生语言能力的培养。具体来说，英语专业教学需要让学生具备以下三个层次的能力。

1. 使用英语表述母语文化的能力

具有良好的第二外语运用能力是《普通高等学校本科专业类教学质量国家标准（外国语言文学类）》对于学生的能力提出的要求。英语专业教学的人才培养的第一层次是使学生能够使用英语对自身母语文化进行表述。中国文化在国际上的传播需要提升本国文化的发言数量与质量。在国际舞台上，交际者能够使用英语对母语文化进行阐释和表述便增加了文化的传播性与宣传性。这种母语文化的表述也在一定程度上提升了我国的文化软实力。

2. 深刻理解英语文化的深层内核

英语专业教学的人才培养的第二层次是使学生了解目的语文化的深层内核。这种对目的语文化的了解需要学生具备一定的目的语文化理解能力，英语专业学生应掌握英语语言、文学和文化等基础知识，了解主要英语国家的历史、社会、政治、经济、文化、科技等基本情况，在交际中能够有意识地减少或避免文化交流障碍。

3. 成为跨文化交际的具体参与者

英语专业教学的人才培养的第三层次是使学生成为跨文化交际的具体参与者，从而能够以客观的态度审视目的语文化和母语文化，在交际中做到不卑不亢，争取自己的话语权。学生在英语专业教学的过程中，要树立起正确的世界观、人生观和价值观，具备良好的劳动品质、道德品质与职业操守，具有社会责任感、中国情怀与全球化视野；具有良好的人文和艺术修养、人际沟通能力、团队合作意识和自然科学常识，了解中外优秀传统文化与思想。学生要用带有“旁观性”的文化态度来看待文化，这样能够提升交际者对文化的审视能力，学生既能了解目的语文化中的优秀部分，也能以客观的态度分析本国文化。

第二节　教学设计与方法

一、英语专业教学设计

英语专业教学设计是英语专业教学理论和教学实践相结合的中介和桥梁，其主要目的是将教学理论应用于教学实践以解决英语专业教学中存在的问题。英语专业教学设计的好坏直接关系到英语专业教学质量的高低。在信息技术越来越深刻地影响着每个人的认识和行为方式的大背景下，英语专业教学设计也需要对以书本、粉笔和黑板等传统教学媒体为基础的课堂教学进行改革和创新，以满足教学目标、内容、方法和形式上的全面改革的需要。

（一）英语专业教学设计的相关分析

英语专业的教学设计属于设计活动，教师要科学地掌握教学方法、学习过程、学习活动、评估活动的性质等，以便于进行科学、有效的教学设计。其中，以建构主义理论为指导，结合英语教学实践，可以有效地提高教学效果。另外，教学设计也是教师预设的学生自我建构的过程，教师应全面掌握教学设计的可修改性，依据学生的实际学习过程进行持续修正、调整教学过程、开展教学活动、促使学生提高英语运用的能力。

1. 英语专业教学设计的指导思想和理论依据

教学设计作为一种理论应用活动，理论联系实际以其为纽带，故在教学设计尚未展开的时候，就需要阐明设计活动依据何种理论，否则设计就是一种盲目性的活动。要厘清该问题，就需要着眼于对教学设计理论与“教学理论”和“学习理论”之间关系的分析，弄清楚教学设计到底是“教”的理论，还是“学”的理论。在实践当中，教与学是联系在一起的，但是就理性思维而言，其是可分的，可以分别对其进行理论研究。教学理论是“教”的理论，其以教师的教学活动为研究对象，其着眼于“教师的教怎样影响学生的学”和“怎样教才是有效的”。学习理论是“学”的理论，其主要探讨的是学习的性质、学习心理过程和影响学习的因素。

教师应根据学生成长的情况，进行课堂教学设计，而非按照一成不变的流程，让学生参与课堂学习。教师对教学内容进行精心选择、加工，并以恰当的方式呈现给学生，使学生能够有效地参与到教学活动中，从而获得知识技能、情感态度与价值观等多方面的综合发展。教师之“教”，就是要更好地推动学生之“学”。教学设计就是对教学过程中所涉及的所有因素进行全面考虑后，制定出相应的策略以达到预期效果的活动。在美国，从理论形成的基础和实践背景看，教学设计理论和教学理论是一致的，教学设计理论更强调教学的步骤、方法和技术问题。因此，在对教学过程进行研究的同时，也要注意到不同学者对于教学设计的理解存在的差异。美国著名教学设计家瑞格鲁斯，以教学理论来指代教学设计理论。教学理论是教学设计的基础，教学设计又反过来指导着教学理论的发展。故可以说教学设计理论内含于美国的教学理论体系当中。在我国，何克抗教授在探讨教学论和教学设计差异性的过程中，把教学论看作一门研究教学本质和规律的理论性学科，而教学设计是一门应用性的学科，针对每一个教学环节都要进行具体的设计规划，教学设计的学科层次低于教学论[①]。从教学

① 何克抗，林俊芬，张文兰. 教学系统设计［M］. 北京：高等教育出版社，2016.

思想和理念上看，英语专业教学设计应以“学生中心”为教学观进行建构，究其原因，从认识论的角度看，在认识活动中，学生是唯一的主体，所以只有“学生中心”这一教学观念才是实事求是、科学的教学思想。就教学模式而言，英语教学要体现出语言学习的个性化特征，英语教学方法应充分体现学生的主体性。所有美国的现代教学理论都是以学生为本的，是以“学生中心”观为基础的。因此，英语教学法研究必须坚持以“学生中心”作为自己的基本立场，否则将陷入一种误区。对于我们国家来说，“师道尊严”这样的封建教育思想根深蒂固，近现代又接受了赫尔巴特（首倡“教师中心”）及凯洛夫的教育思想，再加上实行大班教学制，应试倾向始终占主导地位，这在客观上导致了在教学实践过程中学生的主体地位没有得到应有的重视。由于缺乏先进的教学方法与手段，传统教学模式下形成的师生角色关系严重失调。在此背景下，教师开展的教学设计多为经验式设计，以课堂、教材、教师为主，在教学设计中，教师的个人经验与意向起着决定作用。这样的教学模式不利于调动学生学习英语的积极性和主动性。因此在英语教学开展的过程当中，推广教学设计模式，树立“学生中心”理念，是一个长期且十分艰巨的任务。

基于学习理论，英语专业教学设计模式可以“取百家之长”，兼容并蓄。学习是个复杂的过程，包含了方方面面的内容，目前的学习理论都只是说明学习的某一方面，从而忽略其他方面，可以说不可能存在一种学习理论既可以囊括所有学习内容，又可以有效地指导教学。教学设计者要善于评价各类学习理论，在解决实际问题的过程中，确立自己应依据的学习理论。虽然我国传统教学的“死记硬背”饱受批判，但是我们不可否认的是，“死记硬背”依然有闪光点，在现代教学中依然深受重视，特别是在综合英语学习中，单词的记忆、句型的操练、篇章的背诵等一直贯穿始终，语言知识的记忆与语言能力的培养相互依存，缺一不可。

2. 英语专业教学设计的特征

（1）预设性

英语教学设计是在课堂教学活动开展前对整个英语教学活动的预先分析与决策，是一个构思、策划并制订教学活动方案的总过程。英语教学设计的预设性包括对教学目标、教学内容、教学策略、教学方法、教学活动、教学评价等的预设。英语教学设计的这一特点，对英语教师提出了更高的要求。英语教学设计的预设性特点，要求教师不仅能够比较准确地把握英语学科的最终目的、一定阶段（例如，一学年或一学期）的任务，还要求教师把握好整个学科的教学内容、教学策略、教学方法等。因为任何一个学科的教学内容都存在一定逻辑关系，如果不考虑内容之间的关系而随意安排教学内容将不利于英语教学的进行。另外，由于教学策略、教学方法等具有不同的适应性，例如，阅读的教学策略并不一定适用于听力教学，因此，教师需要熟悉这些策略、方法等。

（2）整体性

教学设计的理论来源之一是系统理论。由此可知，教学设计过程就是在系统的科学方法的指导下，对诸多要素进行系统安排和整合的活动。这也是科学的教学设计与以往的单纯经验性教学设计的重要区别。英语教学活动是由教师、学生、教学内容、教学媒体、教学环境、教学方法等多种教学要素所构成的一个复杂系统，英语教学设计作为教学活动的准备活动，包含了广泛的活动，是由目标设计、内容方法设计、评价监控设计所构成的一个有机整体。

英语专业教学设计具有整体性的特点，需要教师全面地计划和安排教学活动中的众多构成要素。也就是说英语专业教学设计中整体性的要求是需要教师对整个英语教学活动中各因素进行综合思考与分析，厘清各要素对教学的影响，使各要素在实现教学目标过程中能有机地配合，这充分体现了教学设计的完整性、整合性等特征。

但是，要注意的是，教学设计的整体性并不是要求关于教学的所有的因素都要面面俱到，而是要根据实际教学目标要求，有重点地突出强化一个或几个因素，从而使教学活动能够做到重点突出、特色鲜明、效果显著。

（3）有序性

英语教学设计的目的是通过对教学活动的规划和组织，使教学活动的诸要素得到有序的、优化的安排，从而提高学生获得语言知识和技能的兴趣，达到理想的教学效果。英语教学是一个循序渐进的过程，英语教学的内容安排、对学生的要求遵循由简单到复杂、由浅入深的先后顺序，如果顺序乱了，就不利于学生的学习，而英语教学设计是对整个教学活动的预设，对英语教学过程具有一定的指导作用，因此，英语教学设计也应该具有有序性。

（4）针对性

英语教学设计是指教学的计划与安排，同时，英语教学设计也是解决问题的过程，其宗旨是促进学习者的学习。教师要从面对的问题入手，判断问题的性质，找出问题的解决方法，最终解决教学问题，这样才能更好地促进学生的学习。由此可见英语教学设计是非常有针对性的，是对特定的教学情境进行提问的过程，事实上，所有的教学设计都是以一定的教学活动为背景的。这些教学活动的背景可包括教学目标、教学对象、教学内容、教学媒体等[①]。教学活动的背景各不相同，教学设计方案也随之产生了差异。如果教学方案不能满足教学活动的需要，那么这种教学方式将无法发挥其应有的作用。所以英语教学设计既要兼顾教学目标、教学内容等要素，还要强调教学对象——学习者各方面特征的认识与分析，强调从学生已有的发展水平出发进行教学活动设计。这样才能使教学活动更有针对性地培养学生学习英语的能力。从教学目标、教学对象、教学内容出发，调整教学设计，是英语教学设计针对性特征的重要表现。

增强英语教学设计的针对性，提高教学的有效性，缩短教学时间，提高教学效率，使教学活动形成优化运行的机制。

（5）机动性

系统的英语专业教学设计具有方案制订的机动性。英语专业教学设计是对教学活动的预先分析与决策，对英语教学过程具有指导意义。但是，英语专业教学设计毕竟只是一种对教学的提前规划与安排，而不是教学活动本身，并非是固定不变的。因此，教学设计应该具有机动性，便于教师能够根据教学具体情况要求及时进行修改。实际上，任何有经验的教师都会根据教学过程的实际进程，灵活机动地予以修正、变通，以适应当时的教学实际需要。

3. 英语专业教学设计的具体流程

（1）分析

① 学习者分析

准确地对学习者进行分析，是教学设计顺利进行的决定因素。学习者分析包括对学生的观察、访谈、问卷调查和个案研究等方法。学习者分析

---

① 何少庆. 英语教学策略理论与实践运用［M］. 杭州：浙江大学出版社，2010.

采用分析、调查相结合的方法，掌握学习者的心理特征、学习风格、现有的知识与技能等，为精选与组织教学内容、制定学习目标、设计教学活动、选择及使用教学方法和媒体等方面提供了依据。学习者分析是以学生作为研究对象，通过收集大量的信息并加以整理后而得出的结论。从整体教学设计上看，教学设计的各个环节均以学习者特征分析为基础。只有掌握了学习者的基本信息，才能有针对性地制定出相应的学习策略。故而只有准确地掌握学习者的英语学习特点，才能设计出科学的教学目标、教学策略、教学技术、教学过程及评价标准等。基于英语教学设计的维度，要针对学习者真正的学习目的、真正的学习动机、现有的知识技能、知识的认知机制、研究的心理顺序、研究的逻辑顺序、对英语学习机制的准确把握等进行分析。

② 学习需求分析

学习需求是指在学习活动中所要实现的学习目标和学习者已有的学习水平之间存在的差距。在现代教育理论中，对学生进行学习需求研究是非常必要和重要的。学习需求分析是通过科学、系统的调查分析，明确学习者的学习需要。

在学习需求分析中，制定学习目标非常重要。学习目标包括认知目标、情感态度目标、能力目标三个层次。学习目标的设定需综合考虑社会需求与个人发展的需要，充分考虑可获得的资源以及各种有关促进和制约的因素。制定学习目标需兼顾长远目标、中期目标、短期目标。唯有形成科学、合理的目标体系，才能做出合理的教学设计。

就英语专业的教学设计而言，进行学习需求分析具有重要的意义。从心理学角度讲，学习者对知识的掌握和运用都必须通过一定的学习目标才能实现。我们要根据社会的需要、个人发展的需要，科学设置英语的学习目标。只有这样才能保证英语教学的效果与质量，提高学生对语言的使用能力。我们必须对现行的“应试教育”模式进行改革和创新，确立新时期的英语教育目标体系，这样才能实现素质教育的目标。从总体目标层面上看，我们以所有受教育者为对象、把发展英语运用能力作为英语教育的总体目标，但我们并不要求所有国民都是英语的使用者。对个体而言，众多英语学习者明确了中考、高考等英语学习目标，学生只学习考试的内容，仅有极少数学生是为了更好地运用英语才树立英语学习目标。

③ 学习内容分析

学习内容主要是指在教学活动中，为实现教学目标所学习的知识和技能、过程和方法、情感态度和价值观的统一体。在我国教育体系中，英语作为一门基础的工具学科被广泛使用于社会生活和经济发展之中。以国家英语课程标准为依据，英语课程学习主要包括语言知识、语言技能、情感态度、文化意识、学习策略五部分内容。学习内容在课堂教学中具有举足轻重的作用，它不仅可以体现学生的主体性地位，还能有效提高教学效果。对学习内容的分析，就是让教师对教学活动有一个清晰的认识，使学习者了解要学习的内容。

目前，英语教师在对学习内容进行分析的时候，均能准确把握教学内容的语义内容，大部分英语教师还能控制语境的内容，但对语用内容的把控仍有困难，通常表现为在分析教学内容时，仅分析语义或者语境的内容，而忽略了语用内容，继而导致语用内容的匮乏。

因此，当对教学内容中的语义进行分析的时候，要求对教学内容中的语义、语境、语用内容进行把控，特别是语用方面的内容，只有这样，才便于综合培养学生的英语运用能力。

（2）设计

① 教学策略设计

教学策略的产生是为了更好地实现教学任务、达成教学目标，从整体上设计教学因素，主要包括教学活动的步骤、方式、形式和媒体等，具体地说，教学策略的设计涉及知识和技能教学内容序列的设计、在教学活动过程中提出的系统问题的设计、根据预设的学生反应进行的设计、教学组织形式与媒体展现信息方式的设计等。它还包括教师如何实施教学以达到预定的目标以及学生在学习中所产生的心理感受、情感体验等方面的内容。

教学策略必须和教学目标、教学内容、学习者的特征相契合，充分考虑教学的条件，这样才能确保教学策略的设计具有创造性、活动安排具有灵活性、环节设计具有精巧性，各种因素排列科学合理，继而确保设计的系统性和总体性。

教学策略有多种分类方法，常用的包括教学组织策略、教学传递策略与教学管理策略等。不同类型的教学策略对教学效果的影响也不一样。教学组织策略是指对教学过程的组织，合理安排教学的顺序，呈现具体的教学内容；教学传递策略决定教学信息传播的形式与媒介以及教学内容的转移顺序；教学管理策略就是在课堂教学中如何进行有效的控制和管理，以达到预期的教学效果。教学管理策略是教学组织策略与教学内容传递策略的结合，在英语教学设计中，这几种策略缺一不可。

② 教学过程设计

教学组织策略的设计涵盖了教学过程的设计，在英语教学设计中，教学过程是至关重要的，有必要特别加以讨论。因为在整个英语教学中，教师和学生都处于一个动态之中，教学过程本身就是一个不断变化与发展的过程。因此，英语教学设计单列出了教学过程的设计，是为了强调它的重要性。从本质上说，教学过程是一个有目的、有计划地培养学生语言技能和提高学生综合能力的活动过程。从长远的发展来看，英语教学理念的形成体现了任务教学的重要性，这正是英语新课程所提倡的英语教学之路。

在任务教学中，教学过程设计应包含如下内容。

任务呈现。这是一个将任务分派给学习者的步骤，旨在使学习者了解学习语言后，要用学过的语言去做什么工作，使学习者清楚地认识到语言学习所追求的目的。

任务准备。这是语言学习的过程，分为输入和吸收两个主要环节。语言输入是教师呈现所学语言——英语，让学习者学习的环节。语言吸收是学习者经过练习内化所学语言项目的环节。吸收是影响语言学习效果的最为关键的环节，没有吸收就不可能有语言学习的结果，学习者也就不可能形成语言运用能力。

任务完成。这是学习者在学习所学语言之后，运用所学语言行事的环节，也是语言运用的环节。

语言巩固。这是在学习者用语言行事之后，对其语言运用中存在的问题，有针对性地进行巩固强化，达到促进语言内化的目的。

③ 教学技术设计

教学与技术密不可分，技术既有传统的黑板、板书技术，还涉及现代电子技术中的互联网技术、多媒体技术等，这些技术能够提高教学的有效性，因此，教学技术设计是教学设计中理所当然的组成部分。

教学技术的设计主要包含对教学媒体的选择和运用、利用教学媒体协助设计教学活动。教师在进行课堂教学时，要根据教学内容、学生情况、教学进度等因素来确定自己是否应该选用恰当的教学媒体。要以学习目标为依据，以学习内容、学习者的特征、教学策略和教学过程的制定为中心，以多种教学媒体的教学功能与属性为基础，精选教学媒体，设计教学媒体的辅助活动。教学中的媒体是多种多样的，但是每种媒体都有它特定的作用和优势。因此教师要根据学生的特点，确定适合自己班级的教学媒体组合方式，合理利用媒体资源来实现最佳的教学效果。教学媒体的选择及教学媒体对教学活动设计的辅助作用，直接关系到学习目标和教学策略能否实现。因此，在英语教学实践中，教师必须根据学生的认知水平和心理发展特点来合理地选用或组合各类多媒体。英语教学设计中因录像、音频媒体在语言教学中发挥着重要的作用，因此，对这几种媒体进行设计和选择就显得尤为重要，从教学需求出发，合理选择和运用教学媒体。

（3）评价

① 确定学习成效评价标准与方法

出于提高教学有效性的考虑，需要进行教学设计，教学设计评价的关键在于教学目标是否实现，而教学有效性的评价，应建立在学习成效评价之上，开展教学评价首先要解决的问题之一是学习成效评价标准的划定问题。从理论上看，学习成效是指学生在特定时间内通过一定的教学方式获得某种知识与技能的过程或效果，它包含了个体认知水平的高低以及情感态度的优劣。从评价目的出发，学习成效的评价可分为诊断评价、学业成就评价等；根据形式的不同，学习成效的评价可分为形成性评价与总结性评价（亦即终结性评价）。

对学习成效的评价要根据学习目标来制定规范，根据学习目标，学业成就的评价标准便可直接制定。形成性评价通常被用来评价学习的过程，评价的标准可以根据评价的需要来决定；总结性评价通常被用来评估学业的成就，评价标准多以学习目标为依据。

当前阶段我国英语教学评价仍需进一步改进，它存在的问题是评价标准不够主流、评价手段多样性不足、语言知识目标过于单一、错误地认为总结性评价是对学习过程的一种评价。这些因素都严重阻碍了英语教学质量的提高。所以，应制定科学的评价标准，充实评价的手段与内容，强调评价和教学过程相结合。

② 形成性评价

形成性评价是在教学过程中，为了得到关于学习方面的反馈信息，教师系统地评价学习者对所学内容的掌握情况，在日常教学过程中，这种评价活动要求教师和学生都要参与其中，它以学习者的学习行为、学习结果与学习过程的感受、态度等为切入点，来进行系统的评价。

形成性评价能够促进学习者产生学习的成就感，提高自信心，对学习过程进行有效的调节，使其在评价中做一个积极的参与者。运用这种方法能够使教师与学生之间建立起一种良性的关系。在教学过程中，形成性评价属于一种活动，在教学中占有举足轻重的地位，也是促进教学的因素。通过形成性评价的运用，学生能够更加清晰地了解到自身存在的不足与问题，从而提升英语学习质量。在英语教学设计中，应尽可能针对形成性评价加以运用，教师可以针对学生的学习情况有的放矢地调整教学方法，进一步增强教学效果。

③ 总结性评价

总结性评价是指学习阶段结束时，对学习者的学习效果进行的一种评价，比如期末考试、毕业学业考试等。随着我国教育事业不断发展进步，英语课程标准也在逐步完善之中，其中关于“总结性”测试提出了新的理念与思路。以课程标准有关要求为依据，在英语教学设计中进行总结性评价，应注重评价学生在特定情境下使用英语的能力。具体来讲，这种以特定情境为基础，将不同层次水平的学习者作为考核对象的一种评价方式就是总结性评价。综合语言运用能力作为英语课程的总目标，是以英语新课程标准为基础建立起来的，在对英语教学设计进行总结性评估过程中，其考题设置多数应属于有语境的应用型考题，将主观题与客观题合理搭配，避免单纯考查独立知识点和机械知识记忆点。

（4）反馈修正

反馈修正是指在评价所提供的反馈信息的基础上，有的放矢地对教学设计进行调整，以达到增强教学有效性的目的。

教学设计是预设的，自然也会出现分析错误、设计错误等。作为教学上的一种修正，教学评价能够提供丰富的教学反馈信息。教学设计与课堂教学有着密切的关系，二者相辅相成、相互制约。教学设计属于预设的范畴，但这一预设并非固定的，应在教学信息反馈的基础上，针对教学策略作出调整，在教学设计的过程中，能够针对某些可能存在的问题作出预设，制定出相应的预设方案。

在实际的英语教学过程中，具有一定教学经验的教师一般都能根据自己的经验对教学信息反馈实时捕捉，从而规范教学策略，促进教学的有效性。

4. 教学设计在英语专业教学中的重要性

教学设计对英语专业教学有以下几个方面的意义。

教学设计发挥桥梁的作用，使教与学在理论上与英语教学实践活动紧密地联系起来。在课堂教学中如何有效地运用教学设计来提高教学效果呢？教学设计可以理解为用系统的方法实现将学习理论、教学理论等原理转化为教学材料和教学活动方案的系统化过程。教学理论注重教育教学规律的研究，从基本理论体系来看，主要包括教育、教学任务、内容、过程、原则、方法、组织形式与成效等方面，对如何“教”这一机理作了揭示。学习理论就是针对人的学习内部心理机制而展开的探索，主要集中在学生学习的内部因素方面。教学理论则着重于教师如何实施有效的教学方法以达到预期的教学效果。这两个基本理论都建立在对教育教学问题从不同方面进行解决的基础之上，教学方案的制订和选择，为相关的教学机制、学习机制提供了科学依据。

教学设计就是要借助系统理论中的观点与方法，针对教学中存在的问题和需要进行分析，然后寻求最优的解决方案，具有可操作性。教学设计在本质上属于系统论的范畴，具有整体性、开放性等特点。从系统论角度来看，教学设计可以看作一种以学习者为中心的研究活动，其核心就是实现教学目标，促进教与学的最优化。教学设计模型首先要进行的通常是“需要分析”或者“情境分析”。通过对系统整体结构、功能以及各要素之间的关系进行全面细致的了解，从而构建出符合教育规律的教学活动体系。在对教学质量进行细致分析的基础上，设计和开发教学方法和教学资源，形成完整的教学方案，再在执行中进行持续的评价与修正。

教学设计需要分析、设计的内容覆盖了英语专业教学的主要因素，贯穿于整个教学系统中。通过教学设计，教师可以有针对性地进行教学监控和反思。作为一门实践性很强的课程，英语教学中存在着许多值得研究和探讨的问题，而教学设计则成为解决这些问题最有效也最具操作性的方法之一。一般情况下，教学设计包含着分析学习者的特征、选择和安排教学内容、设计教学目标、设计学习环境、设计教学策略、设计教学评价系统等等，涉及在教学中起关键作用的各个环节，所以其作用与价值都是巨大的。从本质上讲，学习者是英语教学活动中最重要，也是最难把握的主体。在学习者特点分析中，教师在教学过程中能够自觉针对学生的心理特点、兴趣爱好、认知特点、风格和已有的语言水平、知识结构、学习动机等要素进行论述，进而增强教学的针对性；就教学目标而言，要力求教学目标具体化、可量化，并使其与教学内容有较强的关联性，并控制在一定时间内，进而能够更好地监控教学过程及效果，使教学方案更为细致并且落到实处；在选择和组织教学内容方面，教师可以在教学活动尚未展开的时候，考量教学目标的特定性并且对学生的特点进行分析，进而灵活地取舍或者补充教学内容，进而使材料的编排、使用以及传递方面具有创造性；就教学方法以及策略的选择而言，教师应该立足于教育者的差异性、风格，并与教学目标、教学内容的性质相结合，进而保证所选择媒体的恰当性，教学方法选用的灵活性，教学情境创设的多样性、有趣性，进而有效地激发学生的学习热情；就教学评价层面而言，要促进现有评价体系不断完善。教师应该把教学的环节、步骤、实施效果与教学目标进行对照，保证衡量、评价、反思的及时性，进而保证接下来的教学活动顺利开展，并为其提供调整、修正的依据。

（二）英语专业教学设计中存在的问题

现阶段，英语专业教学设计及应用越来越重要，但因教学实践者对于教学设计的理论应用意识与应用水平仍需进一步提高，英语专业的教学设计基本上存在如下问题。

1. 教师和学生的活动存在的问题

所有教学活动都要以教学目标为出发点与归宿，教学目标在制订教学计划、明确教学重点、安排教学内容、精选教学方法等方面发挥着导向作用。因此，明确教学目标就成为教学设计中最重要，也最为关键的问题之一。教学目标是由课程目标、单元目标和每个知识节点的学习目标构成。课堂教学中教学目标的设计与实施是一个复杂而细致的过程，需要教师认真研究并精心设计，才能取得良好的效果。束定芳教授曾经发现，有些教师将教学目标错误地理解成课堂结构，因此着重阐述了课堂结构。在教学中，他们没有弄清楚这节课需要解决哪些问题，要求学生学会哪些内容，掌握哪些要点。

2. 教学环节存在的问题

2000 年，高等学校外语专业教学指导委员会英语组在《高等学校英语专业教学大纲》中明确指出，在英语专业课程教学中，要培养学生多方面的思维能力和发现问题、解决问题的能力。然而目前教师“填鸭式”教学的方式仍旧存在，教师将书本上的知识通过 PPT 的形式灌输给学生，没有对教学的环节进行合理的安排，从而使教学难以实现较好的效果。

（三）针对英语专业教学设计存在的问题进行改革

在上述分析的基础上，我们对英语专业教学设计活动提出了以下策略，并将其称为“一二三策略”。

“一”即一个“中心”，指进行英语专业教学设计要着眼于促进学习者能力与素质提高的基本培养目标。

全球化程度在不断提高，熟练掌握英语，无论是为了社会发展，还是为了个人成长，都有着十分重要的意义。人才应具备的基本素质之一是掌握英语的五项技能，分别是语音能力、词汇能力、语法能力、阅读能力以及写作能力。英语专业教学就是素质教育；又由于语言属于人类文化，学语言离不开文化，由此看来，人文素质的培养，也一定是英语学习中的一个重要方面。

“素质”与“能力”具有一定层次的相通之处，但是，我们对培养目标作了区分，意在说明“素质”的培养是最根本的要求，而“能力”的发展为终极目标。素质教育的根本目的在于提高全民族的整体素质和创新能力，并最终达到全面和谐，可持续发展的理想状态。“学习能力”与终身学习和可持续性的学习观念紧密相连，因而具有十分重要的意义；推进学习者高阶思维能力的培养，是中国高等教育改革的总方向，大学教学模式的变革日益指向学习者高阶能力的发展，而高阶能力的核心在于高阶思维。英语专业教学是大学教育中的有机组成部分，我们一定要适应时代的要求，适应学习者成长的需要，以促进高阶思维的发展为目标进行教学。

英语专业教学不仅要顺应时代发展的要求，同时也要保持特殊性。由于我国经济发展迅速，国际交流日益频繁，对英语水平提出了更高的要求。学习英语的终极目标是将英语熟练应用于对外交流这一实际工作之中，因此，英语专业教学的最终目的是培养学生的跨文化意识与能力，英语素质教育是其基础和条件。人们在学校受教育的时间是有限的，我们不可能在有限的时间内学到全部的文化知识，再加上我们对将来的交际对象也无法确定，因此没有办法选择一种或者多种具体的文化知识进行学习。因此，英语教学应该把重点放在提高学习者的英语水平上，使他们能更好地了解不同国家的历史、地理、风土人情等文化背景，从而为将来与其他民族进行正常交往打下基础。

“二”是两个“并重”，在这一阶段的英语专业教学设计中，应遵循教和学同时进行、语言和内容同时兼顾的原则。网络技术是当前英语教学改革发展的一个重要方向，也是目前高校英语教学模式创新的主要途径之一。教学设计应遵循以学生为核心，教师和学生作为共同主体的原则，充分调动与发挥学生的主动性与积极性，教师应该以满足学生需要为依据，安排教学内容，精心设计教学活动；同时也要考虑学生是否有足够的时间来完成这些任务并取得预期的效果，这就要求教师必须具备相应的专业能力。教学设计不仅要重视教师的指导、启发和促进作用，还应重视教师传播、权威性角色的作用，教师在教学过程中需针对不同的教学内容、教学目标合理安排教学结构，例如，在指导学生分析、领会难度较大的教学内容时，在共享跨文化知识传播与跨文化交际体验方面，大学教师历来发挥着比较权威的作用。

在英语专业教学中，语言和内容二者孰轻孰重这一问题，从实质上看，就是课程设置。在原有的综合英语教学体系没有改变的情况下，要采取二者兼顾的方针，这主要取决于英语专业教育的培养目标。英语作为一种交际工具，它本身就应该具有较强的实用性、应用性和趣味性。所以教师在精选内容与素材时，还要给学习者更多地进行语言训练的机会与空间，教师对“学习情境”的精心设计，有利于学生进行语言输出。

“三”即三个“衔接”，包括与高中课程的衔接、与学习者心智水平的衔接、与学习者实际需求的衔接。

随着社会经济文化的不断发展进步，人们对自身素质有了更高的要求。大学教育阶段的英语课程一定要满足大学生的需要、满足时代的需要，应求新、求变，如果仅仅是高中学习重复性地继续，势必使学生感到厌倦，从而导致学生的英语水平难以提升，因此，这一问题有必要引起教育界高度关注与思考。

与高中课程衔接，教师应该做好学习者分析，也就是对学生高中英语的学习内容、教学方法、教学媒体以及学生的学习态度、习惯、兴趣点进行认识与分析等，在教学中应尽量避免内容重复，精心设计和运用教学媒体，以达到激发学生学习兴趣、提高其主动性、积极性的目的。同时，教师应根据不同年级、不同专业设置合适的教学模式和方法，使之具有针对性和实用性。

与学习者的心智水平衔接，根据学习者的心智水平，也就是以学习者分析为基础，教师需将学习者心智特点与成长需求作为评判标准，科学合理地安排教学内容。教材编写应充分考虑学生的思维发展水平，根据认知规律和心理特点来组织教学内容。

与学习者的实际需求衔接，即指学习者在掌握了教材中的相关知识点之后，还希望将这些理论知识运用到实践中去。然而，要做到这一点是十分困难的。从认知心理学来看，“知识—技能—情感”三个层次之间存在着紧密而复杂的关系。衔接学习者的现实需求，需要满足前面两个“衔接”，考虑学生专业发展及今后职业需要等因素，要利用内容支撑英语教学。具体来说，基于内容的英语教学就是基于学科内容进行英语学习的教学方法。它是通过对教学内容进行重组、整合来实现教学目标，从而达到提升英语课程质量的目的。它将语言和学科知识的学习融为一体，在提升学生学科知识水平与认知能力的同时，还能够促进学生语言能力的培养。

总之，不管是将现在的英语综合课体系沿用下去，还是对其进行改革使之成为依托于内容的英语课，英语专业教学设计都应摆脱“以教材、教参为权威”模式的禁锢，立足于英语教育培养目标。根据学习者的特点，需要对内容进行选择，对于选定的内容进行分解，使其成为若干个知识点或者操作环节，力求在对内容进行编排或组织的时候采用文本或者是超文本形式。此外，还可以构建一个资源库，确保其动态性和丰富性，其内容可以囊括参考资料、同一话题或题材的平行文本、案例、素材、网址资源和查阅工具等，以引领、推动学习者自主学习的开展。

二、英语专业教学方法

一直以来，英语教学界最关注的是英语的教学方法。传统教学主要依靠老师进行知识传递和灌输，学生处于被动接受状态，这样不利于培养学生自主学习的能力与探究精神。时代在进步，外在总体的学习环境有较大的改变，并对教学模式产生了一定的影响。如今，英语课堂上出现了很多新的教学方式和模式，如翻转课堂教学法、互动型教学等。学生不再单纯地依靠学校或教师的教学，英语学习向个性化方向发展、主动式发展。教学中若没有相应的教学方法，教学内容就不能很好地传授，教学目的就难以达到。自英语专业教学大纲推行以来，我国的英语专业教学取得了很大的进步，主要表现为英语教学改革初见成效、教学设施得以改善、大学生的英语水平逐年提高。然而，在高新技术迅速发展的今天，社会对于外语人才的要求越来越高。学生不仅要有扎实的语言知识，还要具备良好的综合素质和交际能力，因此，为了顺应变化的学习环境和教学模式，满足新形势下外语人才的培养需要，我国英语专业教学的当务之急就是改革某些陈旧的教学方法，创造新的教学方法，寻找最优教学方法。

（一）英语专业传统教学方法及其存在的问题

1. 英语专业传统教学方法概述

外语教学方法在外语教学过程中起着举足轻重的作用，有助于提高外语教学质量。外语教学方法是特定历史背景与社会环境作用下的结果，它由不同的教学阶段和教学要求所决定，外语教学方法随着时代的发展而不断变化，各种各样的外语教学方法是在改革外语教育的实践中应运而生的，受外语教育宗旨的制约，各种外语教学方法之间并不是对立的关系，而是相互依存的关系。目前，我国外语教学研究中存在着各种教学法流派。语言教学史上，曾先后出现过语法翻译法（Grammar-translation Method）、自觉对比法（Conscious-comparative Method）、认知法（Cognitive Approach）、直接法（Direct Method）、听说法（Audio-lingual Method）、情境法（Situational Language Teaching Approach）、视听法（Audio-visual Approach）和交际法（Communicative Approach）等体现不同教学理念的教学方法。

一方面，英语教学方法总是处于批判、继承、发展、创新的过程中，正是这种历史继承性才使综合与折中的趋势有了存在发展的可能；另一方面，英语专业改革是与时俱进的，是时代发展的要求。因此，可以说英语专业教学改革不是照搬照抄外国的理论，而是以英语专业教学方法运用的现状与时代要求为立足点，选择一种既符合英语专业教育教学现实主义，又符合时代需要的英语教学方法。

（1）语法翻译法

语法翻译法开始于 18 至 19 世纪，伴随着现代语言这门外语被纳入学校课程，是最早出现的一套颇具影响力的外语教学方法，亦为国内较早的英语专业教学中所使用的主要手段。语法翻译教学法突出了学生母语对教学过程的影响，强调母语与英语通用，得出把母语和英语之间的相同点和不同点挖掘出来，能够帮助学生对英语有一个更清晰的认识的观点。现代语法教学法主张语法为语言的核心，是外语学习的主要内容，教师只需具备外语语法基础知识和母语外语互译能力就可在语法理论的指导下开展教学。课堂教学以教师讲解为主，学生被动接受。教师用母语组织教学，充分利用本族语，以翻译为主要学习活动形式进行讲解，使语法为阅读教学服务；学生主要通过本族语和外语的互译来巩固所学的语法和规则。语法翻译法把口语和书面语区分开来，把阅读能力的培养当作首要的或唯一的目标，因此，语言知识的提高、词汇的理解、语法的变化成了课堂的教学重点。在教学中，翻译既是手段又是教学目的，对语法学习的强调，对理性知识的重视，虽然加深了学生对目标语言的理解，对阅读、翻译、写作等方面的培养行之有效，可是围绕着语法规则的记忆与机械操练，不能保证学生在实际的生活环境中正确使用语言，学生运用英语进行口头、书面交际的能力仍然比较薄弱。

（2）情境教学法

情境教学法又称视听法。情境教学以其特有的魅力受到广大英语教师的青睐。情景教学法起源于 20 世纪 50 年代的法国，教师依据文本描述的场景，制作图像清晰的投影图画片，再加上生动活泼的文学语言，以及音乐的艺术感染力，让学生身临其境地边看边想。情境教学法强调把学生带入特定的场景中去，使学生能在真实的环境里感受到所学知识。情境教学法认为，语言是一种与现实世界目标、情境相联系的目的性活动。因此它既不同于传统的语法翻译法等以文字为主的教学方法，也有别于其他的外语教学方法。该教学法高度依赖视觉辅助物，教师运用多媒体创设情境，以场景为载体展开教学与训练，这种教学法常使学生有身临其境之感，同时，也能调动学生对英语学习的热情与激情，有助于学生更精准、更扎实地完成英语知识点的记忆。

在实际教学过程中，要想提高课堂教学质量，教师需要从多方面入手来加强英语课堂氛围的营造。通过获取珍贵的感性材料，能使英语教学理论和实践有机地结合起来，为学习英语语言知识提供有利条件。另外，通过多媒体教学手段还能使学习者更好地感受到英语语言本身所具有的魅力，从而提高其自主学习能力和创新能力。就外语教学而言，一个好的语言环境，常常会对英语感知产生巨大的推动作用。创设情境可以加快外语和事物之间的关联，对学习语言有很大的帮助；能够帮助学生更好地掌握新信息，从而达到预期的教学效果。它比较注重对话教学的整体结构，让课堂活起来，同学们能够很自然、很准确地进行表达。情境教学法作为一种新型的教学方法已被广大学者所接受并得到了广泛的应用。但情境教学法在应用时存在一些缺陷，它强调以情景操练的方式进行句型的训练，教学时只能用目的语，完全排斥母语，不利于透彻理解语言材料等。

（3）交际教学法

交际教学法也叫“功能法”（Functional Approach）或“意念—功能交际法”（Notional-Functional Approach），由威尔金斯提出，其历史可以追溯到 20 世纪 60 年代。交际能力不仅仅包括语言知识，还应包括语言运用的能力，尤其应该注意语言运用的得体性，它包括对交际时间、交际场合、交际话题、交际方式等诸多因素的灵活把握和运用。交际教学法使语言教学观发生了革命性的变化，在外语教学中发挥了巨大的作用。它提倡以语言功能项目为纲，强调在语言运用中学习语言，从而实现培养交际能力的教学目的。传统的英语教学以教师为中心，采取“满堂灌”形式，忽略了学生语言技能的培养，这种教学越来越多地表现出与实际要求的脱离。交际教学法在师生共建的课堂互动模式中给学生提供更多使用语言的机会，在继承传统教学法合理成分的基础上，将学生能够运用英语语言能力作为学习的目的。它强调交际的过程，认为有没有一个具体的目标和明确的结果并不重要。交际教学法认为语言是实现交际目的的手段，但是仅仅具有听、说、读、写能力并不一定就能准确表达意念和理解思想，因为语言的交际功能受制于语言活动的社会因素。因此，老师应该借助课堂或者多媒体教学多为学生创造、提供交际情景和场合，在真正意义上实现“用语言去学”和“学会用语言”，而不是单纯的“学语言”，更不是“学习关于语言的知识”。

（4）任务型教学法

任务型教学法兴起于 20 世纪 80 年代，在交际法得到普遍应用的形势下，它是交际法教学与第二语言研究这两个主要领域相结合的结果，代表着在真实语境中进行语言学习的现代语言教学理念。目前，任务型教学法已成为我国外语教学界关注的热点之一。任务型教学法是一种由教师指导学习者完成课堂语言任务的教学方法，它是交际教学法在教学中的拓展与发展，教育重点由教科书、教师转向了学生，教师通过课堂教学活动，指导学生完成多种语言任务，教师以具体的交际项目为中心，创设出具有明确目标、可操作性强的任务，学生在表达、交涉、说明、交流、询问和其他各种活动中实现语言掌握的目标。任务式教学法与传统的语法教学相比更重视培养学习者实际运用英语的能力，它把语言技能训练作为重点内容之一，并将其贯穿于英语教学的整个过程。任务型语言教学需要学习者主动参与到语言习得的全过程中，按计划如期完成任务、做好课前预习。在课前预习阶段就要对自己所需掌握的英语基础知识有一个充分的了解，并根据实际情况确定具体的学习内容，包括预习课程、查找材料、撰写报告、事先彩排演出、诵读、记忆教材内容等。在课堂上，学习者要主动地参与各种学习、讨论、发言、讲解和其他学习活动，其主要目标在于让学生学会使用一种或几种语言，并能够将其应用于实际生活中。任务教学法是一种以“任务”为中心的教学方法，它是把教师作为教学主体，将学生视为学习客体的有机结合体，强调在课堂教学中师生之间的双边活动。任务教学法集各种教学法之长，与其他教学法相辅相成，互相提高。在外语教学中，采用任务教学法能充分发挥教师的主导作用和学生的主体作用，通过多样化任务活动的开展，激发学生的学习兴趣，培养学生的语言技能，帮助学生掌握语言知识，对于发展学生的语言综合能力具有十分重要的作用。在实际应用中，它既能提高学习者的口语水平，又能促进学生交际能力的全面提升。任务教学法和传统语言训练方法截然不同。任务法是一种有效地进行交际的教学方法，它把教师作为课堂中的一个重要角色来看待，而不是把他们看成单纯传授或训练某种具体技巧或方法的人。任务型教学法完全体现了以学生为本的原则，旨在使其达到能够灵活运用语言的教学目的。

（5）直接法

19 世纪后期，西欧出现了语法翻译法的对立物——直接法，主要代表人物是贝立兹、艾盖尔特和帕默。贝立兹提倡努力为外语教学营造一个类似于孩子习得母语时的自然环境，并且采取符合孩子习得母语的自然方式。他认为儿童习得一门语言时必须先接触过它所表达的事物或现象，然后才能理解这种表达方式。帕默提倡把语言作为习惯，学一门语言，就等于养成一个新习惯，习惯的培养须要通过反复运用。直接教学法主张外语教学应以语音训练为主，对语音的掌握是学好外语的关键，语音训练应充分利用音标。口语训练是外语教学的目标，语言材料以日常口语材料为主，口语活动是课堂的主要活动形式，在教学中要尽量避免使用本族语和翻译，因为翻译既浪费时间又妨碍外语气氛的形成，而且容易使学生按照本族语去类推外语句子，所以应该避免。直接法注重在外语词语和现实之间建立直接的联系，它能够发展学生运用外语的思维，是一种比较生动的学习方式，能够激发学生的学习兴趣，促使学生主动参与课堂教学活动。通过反复学习，学生可以获得丰富而牢固的词汇和句法知识，切实领会语言材料，然后从其所累积的感性语言材料中归纳语法规则，用于指导后续的学习。直接法是一种有效的教学方法，值得提倡。直接教学法强调听觉感知与记忆，注重对学生语音语调的训练，尤其对发展学生的活动能力作用显著。它提出了先听后读的教学要求，使语言听说教学上升到一个新的高度。

2. 英语专业传统教学方法存在的问题

在外语教学实践中仍然广泛使用着传统的教学法——语法翻译法。语法翻译法作为传统教学法的代表，其影响力仍然很大。这种教学方法在实际应用中具有一定的局限性，尤其在外语教学实践中易使师生双方感到无所适从。语法翻译法过于重视语言知识的传授，忽略了语言技能的训练，造成语音、语法、词汇脱离课文的阅读教学，并且教学方式往往比较单一，课堂教学不够活跃。而情景教学法没有适当发挥母语对英语教学的正面影响，完全排斥母语，过于重视目的语的运用。情景法虽然能够有效调动学习者学习英语的积极性，激发他们的情感，但不能使学生产生真正意义上的动机，不利于语言知识点的透彻理解。交际教学法借助适当的语言输入，在课堂上进行有意义的互动，有助于学生语言的习得，还能够提高其听说能力，但因不主张纯语法解释，从而不能确保语言表达的准确。另外，传统的教学模式往往只注重语言形式，忽略了学习者真实语境下的语用能力的训练和培养，在英语教学中，对读写能力也存在一定的忽视。传统教学法侧重于传授知识，缺乏对学习者心理活动及动机因素的关注；任务教学法是以完成各种学习任务为手段，激发学生学习兴趣的一种教学方法，把知识和技能融为一体，有利于发展学生运用语言的综合能力，但上课的安排、任务的设计都过多地依赖于教师的才能与水平，而大班教学很难确保各项任务的落实，课堂效率比较低，而且不能对学生个体表现进行有效的监管；直接教学法强调外语教学的体验，强调感性认识，此法对于训练学生切实掌握外语，尤其是口语，虽有良好的效果，但是对很多语言现象不能深入理解，对于复杂的句子只靠语感去猜，难免出现错误。这些方法各有优缺点，不能完全适应现代英语教学的要求。就英语教学而言，每一种方法都有它的长处和短处，因为它们是特定时代的产物，体现了某一时期英语教学的需要。我们不能简单地把所有方法一概斥为“过时”或“落后”，而应根据自己学校及专业情况，扬长避短，因材施教，只有这样才能取得良好的教学效果。随着社会的进步，人们学习英语的方法越来越多样，现在单靠一种方法不能达到目的，所以，英语专业在教学方法选择上应该吸取现今比较有影响力的一些外语教学法，并博采众长，在全面借鉴教育学、心理学、语言学的基础上，充分考虑外语学习所具有的特殊性、师资水平及其他方面，根据学生学英语的特点、目标与环境而定，讨论并设计满足不同层次水平学习者要求的教学方法。

（二）英语专业教学方法的改革及其综合运用

网络环境中英语专业课程的教学内容、师生身份发生了转变，在教学中从注重教师到注重学生，这就不可避免地需要对教学方法进行改革。传统教学法与新教学法之争由来已久，而其分歧实质上就是教学方法问题。关于教学方法的问题，历来以讲授法为主。讲授法就是教师用口头语言对学生进行系统的知识传授，它包括叙述、讲解、讲演三种基本方法。传统的教学模式是将教师作为讲授者而不是合作者，强调教师在整个教学活动中的主导作用。这种建立在知识基础之上、以教师为主的教学方法，在历史上曾经扮演过重要角色，造成了很大的影响，至今仍被一些地区所采用。

当代教学理论对教学方法中的讲授法进行了变革，关注学习心理因素，认为教学的重点在于怎样安排和强化，程序性教学方法的设计应严格按照逻辑程序进行，旨在降低学生学习的错误率。建构主义主张以学习者为中心，关注学习者已有知识经验、社会文化环境和个人心理发展水平等因素。认知主义重视学习过程，注重直觉思维、内在动机与信息的加工与提取。人本主义主张以人为中心进行教学，尊重学生的主体地位，关注学生潜能的开发，提倡合作探究式的教学模式。人本主义强调教师的推动作用，有助于学生意义学习的建构，鼓励全员参与，自我评价。新教育心理学则主张以“学”为中心来组织教学活动。建构主义需要将全部学习任务都置于一个更大的工作或议题之中，重视学习者在整个提问或作业中的自主权。在这种理念下，建构主义教学理论得到了进一步的完善。建构主义教学方法要求设计一个支持和刺激学习者思考的环境，为学习者提供反思所学知识和过程的机会。

在网络时代，在设计英语专业教学范式时，需考虑到所发生的一系列新转变：从教师主导到学生主导、从单一路径到多路径、从单一媒体到多媒体、从个人学习到合作学习、从知识传授到信息交流、从被动学习到互动学习、从孤立的人为语境到真实世界的语境等等。

教师将扮演引导者（guide）、指导者（mentor）、辅导者（tutor）的角色，而非仅仅是经验型的。教师应该在课堂上提供给学生一个开放、互动的情境来帮助他们进行自主学习。在这个过程中，学生会逐渐学会如何去理解自己与他人之间的关系以及如何有效地利用这些资源来解决问题。其中，大多数的学习经历都会指向当下或者未来，已经不指向过去了。这种变化将会影响到教学过程中教师角色的转变、教学方式的选择和课程设置等诸多方面。学习者更多地思考的是他们将来的设计，学习知识、发展技能更贴近将来的发展规划，并且充分地体现于学习之中。教学应以"学"为中心，教师则应从"教"向"导"转变，他们评价一个学生应该是持续的、发展的，而不是一次性的、完全标准化的。随着时代的变迁，传统的英语教学模式已经不能适应社会需求，英语教学必须进行改革。对此，英语专业的课堂教学也应进行重新规划。

改变英语专业的教学方法，旨在促进英语专业学习者形成个性化的学习方法，培养自主学习能力。传统英语教学以课堂为主渠道进行传授式的教学模式已经无法满足时代的要求，而网络技术作为一种新媒体手段在教育中得到广泛运用。网络环境下，英语专业的教学内容、教学方法等都发生了一定的变化，网络信息更加直指学习者，无须再添加中间环节，学习者完全有能力根据兴趣、爱好以及对自己将来的设计要求进行自主学习。因此在英语学习中，我们不仅要关注如何教，还要注意培养学习者的主体性。英语专业教师在教学过程中，更多地要设计主要的任务或者问题来指导学生的学习，激发他们的学习热情，使他们真正成为学习的主体，创设逼真、复杂且开放性强的学习环境及问题情景，启发、促进和支持学习者的探究、思考和问题解决活动，引导学习者从被动刺激接受者向积极主动的学习者转变，构建自我意义，成为教学活动的核心。

英语专业教学的方法日益走向多样化、本土化、学生中心化、学习自主化，这些转变推动着中国英语专业教学的改革。随着时代发展和社会进步，我国的教育也发生了翻天覆地的变化，从传统教学模式向多元化模式转变。英语教学具有很强的实践性，不仅要传授知识，还要营造生动活泼、逼真的课堂教学氛围，要求学习者这一语言学习主体主动参与，进行大量交际实践。对英语知识点进行简单讲解的方式，已不是教学的必由之路，新教学方法对英语教学的影响日益显著。教师的“教”与学生的“学”，是教学中最重要的两个环节，需要师生的共同参与。因此，构建一个良好的英语课堂互动式教学模式显得尤为重要。那么，在师生共建课堂互动模式下，怎样营造多样的语言环境，主动激发学生对英语学习的热情，使学生能够恰当地运用英语知识表达、交流思想，传递信息，是外语教学方法中首先应解决的问题。在实际教学中，由于英语课程本身具有一定的难度，很多教师采用传统的教学模式来组织课堂教学活动，不利于学生综合素质的提升。英语教学方法在使用过程中并不是一成不变的，需要教师在授课过程中灵活选用行之有效的英语教学方法。因此，在英语教学中要根据实际情况灵活运用多种教学策略。基于计算机、多媒体、网络等辅助工具，在教学过程中穿插运用不同的教学方法，能有效激发学生在英语学习中的主观能动性，帮助教师适时规范教学过程，同时，能够增强学生和教师之间的交流，有助于学生语言能力的提高。因此，教师应根据实际情况合理运用各种方法来组织英语教学活动，从而实现英语课堂的最优化教学效果。

（1）英语专业教学方法的改革要帮助学生构建扎实的语言知识体系

《普通高等学校本科专业类教学质量国家标准（外国语言文学类）》中提出，应培养学生形成较好的英语语言运用能力、英语文学赏析能力、英汉口笔译能力与跨文化交际能力；较好的思辨能力、终身学习能力、信息技术应用能力、创新创业能力以及一定的研究能力；较强的团队合作精神，能与他人有效沟通并积极应对社会挑战的能力；较好的汉语表达能力，较强的第二外语使用能力。其中，交际能力包括两方面内容：语言知识与交际知识。语言知识包括语音、词汇、语法等内容，而交际知识主要是通过各种活动获得。积累语言知识，能增强交际能力。交际实践能使所学语言知识得到巩固，并且进一步推动交际能力的提升。语言知识与交际知识都有其各自的作用。从二者关系上看，语言知识学习是基础，它最终服务于语言交际。同时，不同的社会文化和生活环境决定了人们对各种事物及现象有不同的认识方式和理解方法，因而形成了与之相应的言语行为模式。所以语言教学的重点是交际，但是，也不能忽略对语言形式的研究。传统的语法翻译法在培养学生语感方面起到了很大的作用，但是随着时代的变迁，这种方法已不再适合当今社会对外语人才的要求。语法翻译法虽强调语言的理性知识、规则和框架，但是在某种程度上已抛弃母语和目标语之间的对比、逐字逐句的翻译，而是重视语音、词汇、语法的综合教授。但是，不可否认的是，语法翻译法更符合学生的认知规律，有利于提高英语学习者的实际运用能力。教师可借鉴语法翻译法进行教学，先教词法后教句法：运用演绎法传授语法规则，再举出实例加以辅证解释；语法练习通常采用母语句子翻译为外语的方法。这种教学法有利于学习者掌握汉语的基本句式结构及语法错误类型，并能提高他们运用所学到的语言知识来解决实际问题的能力。这种教学法在一定程度上有助于学生构建英语知识体系。另外，这种教学方法注重通过多种途径提高学习者的听说水平以及口语交际能力，而不是仅仅局限于单纯地教授语言知识或技能。语法翻译教学法也意识到了学生母语在教学过程中的重要性，并重视母语与目标语言的共通性。这与传统的英语教学侧重语音训练有较大区别。在上课的时候，教师恰当地使用母语讲解，特别适用于那些有抽象意义、母语里不存在的词汇以及语法现象，不仅省时、省力，而且言简意赅；另外还能使学生从汉语环境中学习到更多的文化信息，从而促进跨文化交际。再者，对比了英语和汉语不同的表达方式，能增强学生对目的语的恰当使用能力，故可灵活运用于教学。

（2）英语专业教学方法的改革要具有多样性

教学方法能激发学习者的学习兴趣，是确保教学质量的关键所在，所以，在教学中，教师要保证学习任务的多样化。任务教学法作为一种新颖有效的教学模式，能够充分调动学生学习的积极性和主动性。任务教学法提倡用任务来安排教学，在完成任务时，用参与、经历、互动、沟通、合作等学习方式，发挥学习者本身的认知能力。任务型教学注重培养学生的自主意识、创新精神、实践能力以及协作精神等综合素质，强调通过完成不同类型的任务来实现对目标语的习得。任务教学强调通过创设情境来培养学生对语言材料的感受、理解和使用。教师在布置任务时，应把激发学生的学习兴趣、使其获得成就感作为切入点，以具体交际及语言项目为中心，设计具体的、可操作性的任务，使学生以任务为动力学习语言知识，进行技能训练，在感悟知识的同时，实现对语言的学习与把握。因此，教师应根据不同内容选择适合的活动来实现这一目标。活动可以围绕教材展开，但是不能局限于教材，应借鉴学生的生活经历与实际交际活动，既要对学生学习英语知识有帮助，培养其语言技能，增强其运用能力，同时也要有利于推动英语学科与其他学科的相互渗透与衔接，实现学生综合素质的锻炼与提升。同时，教师应积极鼓励、引导、组织学生开展各种形式的课外实践活动。例如，课前允许学生在课余时间通过图书馆、网络和其他途径获取有关信息，理解该单元的中心主题；成立学习小组，成员之间相互查背、熟记教材内容或按课程内容进行小组排练演出和课堂展示，等等；组织开展小组活动时要求每个组员都有明确的分工与合作意识，并且能够通过分工协作完成教学任务，同时还可以采取分组竞赛的方式来增强同学的团队精神。教师要鼓励学生主动参与课堂的各种学习、讨论、发言，引导学生积极地发现和提出自己感兴趣的话题或内容，以使他们能够更好地完成这些任务，从而提高学习效果。

（3）英语专业教学方法的改革要注重情境的真实化

在英语教学过程中，由于受到时空限制，课堂上师生之间很难形成交流与互动，无法实现高效的英语课堂教学目标。传统课堂教学仅限于课堂，现代信息技术的广泛运用，使教育空间得以扩展。在课堂上使用多媒体辅助教学是当前英语教学改革发展的方向之一。教师可借助多媒体设置课堂教学，给学生营造一个逼真的语言环境或者模拟情境，在仿真的场景下，完成语言知识的学习与操练，在实践活动中促进交际能力的提升。传统教学法使学生有距离感，容易造成“你说我听”的被动局面。这种方法不利于调动学生的积极性，也不符合素质教育的要求。而情境教学法因为教师以教材为依据，以心理理论为基础，创设相关的情境，这种生动的教学内容使师生心理距离缩短，使学生主动参与意识增强，能培养学生积极的思维、合作探究的习惯以及创新精神与创造能力。情境教学法强调英语教学要充分运用生动、形象、写实的意境让学生有身临其境之感，使用情境所传达的讯息及语言材料，唤起学生运用英语表达思想感情的欲望，增进学生的语言能力，推动学生情感、意志、想象、创造力的全面培养。它符合我国基础教育改革的精神，有利于提高英语课堂教学质量，培养具有创新精神的高素质人才。情境教学法的教学实践主要体现在课堂教学中，综合利用各种方法，营造真实的语言情境，创设英语氛围和实践交际氛围。它不仅能提高教学效果，还能培养学生的学习兴趣与合作精神。教师可利用图片、模型、实物、简笔画以及其他教具，真实而立体地表现所学语言及其运用的来龙去脉，使教学过程有序化、整体化、形象化、趣味化。例如，把一些英文原版影视引入课堂，不仅有利于增强教学效果，而且还能培养学生学习英语的浓厚兴趣。同时，教师可鼓励学生利用视听设备及语言实验室播放英语电影，听英语广播，观看电视节目，借助场景、视听进行教学，使学生掌握正宗的语音、语调，加深对西方文化背景的理解。此外，还可采用角色扮演法、表演法等多种教学方法。情境教学法不仅可以打破传统英语课堂教学中的狭隘性和封闭性，拓展教学空间，还可以激发学生的学习兴趣，调动学生的参与意识，提升教学质量，对于外语课堂教学而言，不失为一种实用的教学法。

第三节　教学模式与评价

一、英语专业教学模式

随着现代教育技术的广泛运用和英语专业教学改革的不断深入，基于课堂教学的英语专业教学模式已经发生了巨大改变。传统教室没有的教学设备已经把教室逐渐“武装”起来，信息技术充斥着教与学的每一个角落，这种结合是现代教育发展的必然结果，也是英语专业教育发展的必然结果。

（一）线上线下混合教学模式

1. 线上线下混合教学模式的优势

（1）和 MOOC（慕课）相比

线上线下混合教学模式和慕课都是在一定技术支持下的在线开放课程资源。在英语专业教学改革中，MOOC 和线上线下混合教学模式与英语专业教学的结合都有一定的优势，但相比较而言，线上线下混合教学模式的优势更为明显。

① 规模

MOOC 的本质是大规模的开放式平台资源，拥有大量的英语相关资源课程，这为英语教学提供了广泛的参考资源。在英语专业教学运用中，线上线下混合教学模式的在线资源往往基于一定范围的优势资源，目的性更加明确，它能够将学生的时间和精力更多地转移到学习过程中来，有的放矢。

② 准入

MOOC 为全开放式，其包容性和多种课程资源的广泛选择性适用于公众学习，而线上线下混合教学模式的一定准入制决定了它的“小规模”形式，并且有准入条件，更加适用于高等学校教育，将其运用于英语教学中，一是增强了学生的学习动力和积极性，二是通过准入条件的方式，减轻了制作课程的经济压力，提高了制作方的积极性和资源的优势性，带来双赢的效果。

③ 学生参与效果

从学生参与广度来看，参与 MOOC 的人数远远多于线上线下混合教学模式的参与人数，但从参与深度来看，线上线下混合教学模式的小规模限制性决定了其在英语教学运用中，学生与学生的互动性、学生与教师的互动性是大于参与 MOOC 的学生的学习深度的。

有学者在对 MOOC 和线上线下混合教学模式分析比较时，也提到了在学生层面，MOOC 适合自学动机较强的学员，可以最经济的方式取得最大的学习效果，而线上线下混合教学模式能够影响学生学习成效导向，教学资源集中，教师能够利用翻转课堂模式提升教师教学设计与学生学习成效，从而提高学生的参与效果和完课率。其中，MOOC 组学生完课率低，而线上线下混合教学模式组完课率高。

④ 评价方式

MOOC 平台对学生进行评价的方式主要包括：在线考勤测评、在线学习测验测评、在线作业测评等，而线上线下混合教学模式可以将这些评价方式囊括在内，同时通过学生与教师的互动情况、学生互助小组互动情况更加全面记录学习轨迹，完成对学生的动态学习评价。

（2）与微课相比

① 时间长短

微课主要由课程教学视频片段构成，强调每个教学视频知识点的“单一性”，时长一般以 5 至 10 分钟居多，而线上线下混合教学模式对时间长短没有具体要求，能够根据教学内容的重要性、包容性及连续性确定在线

视频教学时长，能够更加灵活切合英语课堂教学的要求，提高学习的连续性，延伸学习深度。

② 内容的颗粒性和系列性

在英语教学内容的细颗粒方面，微课有一定的优势，但正因为其具有颗粒性，所以在内容的体现方面有一定的局限性，微课传授的往往是一些较为简单、显性的知识。

相比较而言，线上线下混合教学模式既能体现教学内容的颗粒性，又能在同一个视频或教学单元通过多个内容的呈现体现知识的相互关联和整体性，内容的体现更为完整，利于学生语言表达和思考的连续性和创造性。

③ 互动性

在线上线下混合教学模式下，教师可根据学生的情况将学生编入一个线上线下混合教学模式教学班级，因线上线下混合教学模式小班准入的特性，与微课班级相比较，线上线下混合教学模式在线班级教师与学生之间、学生与学生之间更具备条件进行高质量的互动探讨。从总体来看，微课更适合学生在学习第一阶段的自我学习，而线上线下混合教学模式更强调其互动状态下的全过程学习。

④ 学习动力和结课率

微课大多强调学生自主学习，即一对一学习，因此在学习后期可能会因缺乏一定的监督、交流、鼓励等导致后期学习动力不足，影响结课率。在语言学习中，有规律的交流能够大大提高学生学习的动力和效果，线上线下混合教学模式的准入制和互动性能够激发学生学习的动力和提高结课率。

⑤ 学习评价

和 MOOC 一样，微课对学习者主要以静态评价为主，而英语专业语言教学更强调学生的个体表现和动态表现，在这个方面，线上线下混合教学模式势必将发挥语言评价的更大优势。

2. 线上线下混合教学模式的深度改革

（1）线上线下混合教学模式与翻转课堂相结合

在翻转课堂模式下，教学的中心从教师部分转移到学生，学生能够在课前将输入性的知识进行提前预习和思考，并在课堂上进行内化和升级；

教师不再是机械地、重复地对知识进行基本的复述，而是学生学习的引导者，将部分主动权交给学生，激发学生学习的能动性，提升学生学习的自我效能感，促进学习的内化。课堂的作用也发生了部分改变，不再是知识单纯输入和记录的场所，更多的是促进知识内化、应用和教师与学生、学生与学生高效交流和思维碰撞的场所。翻转课堂和线上线下混合教学模式在英语专业教学中有非常好的契合度，线上线下混合教学模式无论是在线上还是线下都能够在准入制范围内为翻转课堂这样的小规模教学提供合适的平台，教师可根据翻转课堂的需求设置线上线下混合教学模式平台的准入人数，提高平台利用率。线上线下混合教学模式提供翻转课堂线上学习视频等学习资源和便捷的交流平台，为翻转课堂高效实施提供先期和后期学习保障，同时在翻转课堂上的线下交流和创造，也可通过线上线下混合教学模式平台进行记录和交流，使个体学生在翻转课堂教学模式下的全面的学习轨迹记录和动态学习评价成为可能。

（2）线上线下混合教学模式与项目教学法相结合

项目教学法是以行动为导向，学生为中心，教师为辅助，共同解决或者实施一项完整的项目而进行的教学活动。在传统的英语教学中，因时间、材料等有限，课堂中语音信号的输入无法准确进行，并且对学生的语言输出产生一定的抑制，而项目教学法则能够充分调动学生的能动性，刺激学生主动寻找大量语言材料，并在解决问题的过程中使用语言材料，强化语言的应用性。项目教学法的“目标指向多重性”“周期短”“有限范围”“可控性好”“注重理论与实践”等特性，在英语专业教学中都能够通过与线上线下混合教学模式的结合来体现其优势。

线上线下混合教学模式无论对学生、教师还是学校各方面，都能够提供便捷的学习或工作平台以及资源数据的支持，通过线上线下混合教学模式平台，学生能够高效完成语言项目前期准备工作、中期项目记录工作、后期反思和延伸工作，教师能够在项目全过程进行监督、指导、交流和后期评价。线上线下混合教学模式全程记录师生教与学的数据，并可将数据进行整理归纳分析，便于学校根据本校师生具体情况指导教学工作。

（3）线上线下混合教学模式与情景教学法相结合

情景教学法是指在教学中，教师根据教学目的、教学要求将教学内容通过创设具体的模拟场景进行活化体现。在英语专业教学中，语言知识具有双重特性：语言知识和使用环境。

情景教学法能够使学生从视听等具体途径切身体验到语言使用环境，活化语言使用方式。情景教学以学生的个体体验为中心，将知识性和趣味性进行融合，课堂氛围较传统课堂更为活跃，能够发挥学生的学习积极性，使学生既能获得语言知识及其使用环境，又能使获得的语言在创设的环境中得到更贴切的灵活运用。线上线下混合教学模式的视听和便利的交流优势在情景教学法中也可得到高效结合和运用。

线上线下混合教学模式能够与情景教学法在创设情景、开展交流、深化学习等方面进行高效融合，提供情景教学的整套流程、监控和动态评价。SPOC（小规模限制性在线课程）多种媒体接入和丰富的视听材料供给，不仅为教师创设语言学习环境提供了可能，也为学生随时学习语言及其使用环境提供了便捷的途径。同时，它还提供了即时交流平台，使学生在教师的指导下，能够在视听学习过程中以及学习后与教师和学生进行交流和练习，教师可根据学生的线上学习情况指导学生线下学习和练习。在对材料进行充分学习后，线上线下混合教学模式提供情景学习教学法语言情景再创造平台，可由教师在平台上创设考查学生语言运用情况，也可由学生根据已习得的语言知识进行自主再创造视听成果，充分发挥学生的能动性、创造性。整个过程在线上线下混合教学模式上进行指导、监控及评价，形成完整的情景教学流程。

线上线下混合教学模式教学周期快，范围较小，使各种教学方式全程数据可控，为成果展示可视、师生评价动态性、成果评价提供良好条件和保障，是未来教育信息化改革的发展趋势之一。

（二）产出导向模式

1. 产出导向模式教学理念

产出导向模式（POA）的教学理念分为三种学说，分别是以下三种。

（1）学习中心说

当前，“以学生为中心”这一概念在国内外大行其道，但“学习中心说”倡导教学要达到教学目标，促成有效学习，例如，在实际的课堂授课教学当中，关注的重点应该是学生到底学了什么，应重视学习本身的发生，而非学生个体。

（2）学用一体说

“学”指的是输入，包括听说读写等；“用”指的是输出，含有说、写、译等意思。英语教学应将“学”与“用”有机结合起来。只有做到“学”与“用”的合一，才能消除哑巴英语的现象，不至于“高分低能”。

（3）全人教育说

根据产出导向模式的观点，语言教育所面向的对象是人，因此，从课程设计的角度出发，学生不仅需要在英语综合应用这一方面得到提升，与此同时，其人文性目标，如自主学习能力，综合文化素养都应随之提高。

2. 产出导向模式教学假设

POA 包括三个主要的教学假设，即输出驱动假设，输入促成假设和选择性学习假设。

（1）输出驱动假设

学生学习是由输出来推动和实现的，因而要靠输出来激发学生学习的欲望。如果一个人对知识的理解不够深刻，即使他掌握了大量的信息，也不可能真正理解所学内容。学生一旦知道他们想要达到什么目的，必然会更主动地去寻找适合自己的输入性学习。

（2）输入促成假设

具备了输出促成条件时，POA 主张教师应提供适当的输入材料来帮助学生实现输出，扩展语言，建立知识体系。

（3）选择性学习假设

该假设认为有选择性的学习比非选择性的学习更能优化学习效果。基于此理论，一个以信息检索为基础的教学设计模型被提出。从学生接受多元信息来看，学生应该对参考输出目标进行分类筛选，从而筛选出重要的信息，以达到深度加工的目的，而非包罗万象。

3. 产出导向模式深度改革

在产出导向模式的教学中，其目的是产出真实、有效、具有现实交际意义的内容，教学内容与学生的专业特点、个性需求与学院特色相结合，学生在学习和掌握英语基础知识的同时，也能够提升英语专业能力。在教学改革的实践中，教学内容可包含产出所需的知识点，语言表达形式，语篇结构等，更重要的是，输入的材料能够个性化地发扬正能量，开阔人文视野，体现该门课程的人文性。在经济全球化背景下，产出导向模式的改革较好地适应了社会对英语学习者国际交际能力的要求。

在英语学习中，“教”与“学”始终处于一个相对独立又密不可分的关系之中。传统英语专业课堂具有“明确”的目标，以课本教材为对象，根据教学目标实施教学环节，主要依靠输入，最终达到促进学生输出的目的。以教师讲授、学生听讲为主要形式的教学模式导致课堂过程呆板，在这种教学模式下，学习者被动接受知识，无法将自己所学到的内容进行内化与吸收。POA 率先提出了输出驱动的思想，通过安排听、说、译和其他产出任务，学生通过对照自己的基础与能力，使自主学习的愿望被激发出来。教师根据自己对知识的理解与掌握情况，选择合适的方法让学习者达到预期的效果。教师选择性地把个性化的学习材料整理出来，发放给学生，对他们进行辅导和检查。学生完成这些作业后，教师根据反馈信息调整下一阶段的内容和方法。这一进程一直延续至产出结果产生为止，之后将由教师和学生一起实施教学评价。这一模式做到了以学习为主，在很大程度上有助于激发学生在学习中的主观能动性，使他们不再拘泥于课本，能够将学到的知识运用于实际。

POA 不只注重产出结果，还同时注重产出的流程。通过对学生进行学习分析，教师可以更全面地了解学习者在整个学习周期中在知识、技能等方面是否得到发展，并据此调整教学策略，从而提高教学质量。它强调学生在学习活动中在知识与技能、情感态度价值观等方面的发展，更注重培养其自主探究能力及终身学习的意识。POA 教学评价体系由“即时评价”与“延时评价”两部分组成。即时评价以产出为对象，帮助教师调节教学节奏，较好地从终结性评价过渡到形成性评价。延时评价则更注重学习的结果，有利于促进学生更好地理解知识。即时评价与延时评价总是互为补充，评价对象不局限于教师，学生在评价中同样处于主体地位，如自我评估、相互评价等。这种多元化的评价方式使整个教学活动更加真实和立体，从而更好地促进课堂教学效果的改善。此外，教学参与者直接参与教学评价的过程，使评价更加多维度。同时，这种多元化的测评结果也能够促进课堂教学改革的开展。

在信息技术飞速发展的今天，在经济全球化这一大环境中，英语专业的学习也需要符合时代的需求，发展综合能力已经越来越重要。POA 秉承着以学为主的理念，改变了教学模式，它能较好地避免应试教育所造成的种种弊端，调动学生的学习热情，促进自主学习能力和思辨能力的发展，促进跨文化交际能力以及其他综合素质的提升，实现英语专业课程工具性与人文性的双重属性，更好地培育国际化人才、复合型高水平人才。

二、英语专业教学评价改革的方法

教学不能没有评价，评价服务于教学。在课堂教学中使用恰当的评价手段有助于调动师生的积极性，促进教学改革，使教学活动顺利进行。教学评价是指依据教学目的与原则，运用一切切实可行的手段和技巧搜集、分析、解释信息，由此给教学过程和预期的全部结果以价值判断，是一个系统过程，并且为被评价对象提供一定的资格证明。科学的评价方法能对教学起到很好的反馈作用，有助于教师对教学效果的理解，提升教学质量；也有助于学生对所学知识的理解，从而改善学习方法，增强语言能力。

培养学生英语实际应用能力的教学目标，构建以生为本的教学模式，要求评价体系以考察语言运用能力为主，而非对语言知识和语言事实进行鉴定和考察。因此，为了提高英语教学水平，必须重视教学过程中教与学两个层面上的评价。我们从三个方面对英语专业教学评价的深度改革展开探讨。

（一）实现教学评价指导思想的转变

由英语知识、技能的狭义评价向英语实际运用能力的广义评价过渡。在教学中注重以学习者为中心的学习活动设计，让学习者成为真正意义上的主体。不仅要了解学生“知晓”的内容，同时也要了解学生“能做”什么以及“做得怎样”。

由单纯的教学结果的终结性评价向对学习过程的形成性评价过渡，应重视学生在各个阶段的发展。

把教师评价和学生积极自我评价结合起来。

改变英语专业教学评价观念，要注重学生能力素质的整体性，致力于整体性的评价，让学生获得弹性化的机会、人性化的发展空间，有助于培养学生积极的英语学习态度。

（二）由终结性评价转向形成性评价

传统教学评价均为终结性评价，为了适应新课程改革的需要，我们提出了建立一种以促进学生全面、持续发展为目标，强调以过程性为特点，注重培养学生创新精神和实践能力的新教学评价体系——形成性评价。形成性评价旨在开展教育活动，也就是学生在知识、技能和态度的“形成”阶段，对学生知识和技能习得情况进行监测。通过评价来促进学生掌握相关内容的同时也提高他们解决问题的策略水平和技巧能力。形成性评价还包括为保证评价结果具有真实性所必须采取的一系列措施。在开展过程中，评价为学生获取知识和技能提供了重要信息，它不仅有利于学生和教师对学生学习进展情况进行监测，也有利于教师合理地制订教学计划。

1. 形成性评价内容

形成性评价的内容不仅包括学生的语言知识，更重要的是还包括学生的语言技能、学习兴趣、学习情感和学习策略。教师应把语言教学同认知发展联系起来，注重培养学生良好的心理素质。仅仅掌握语言知识，对于提高学生的语言水平还远远不够，只有掌握语言技能，学生才能在交际中高效地使用语言。如果学生只知道死记硬背单词和语法规则，却不去理解它们之间的联系和意义，就会成为“哑巴”式的外语学习者，这也就是我们必须重视英语教学的原因所在。兴趣是一种学习源泉，也是一种动力，为考试而学的同学，最多得到生涩的语言知识，而不能灵活地使用语言。因此，英语教学不能仅仅停留在语言知识层次上，还必须关注学生学习的兴趣和动机，并以此作为教师开展教学活动的依据。通过观察、问卷调查、交谈和其他途径，了解学生学习英语语言的兴趣，能使教学有的放矢。在英语专业教学过程中，要通过观察、认识学生，帮助其树立端正的学习态度，促使其养成健康的人格，同时，通过不同的学习任务需求，了解其学习策略，最后，采用测试性与非测试性相结合的方法进行评价，找出学生英语学习中的进步和不足之处，肯定学生所取得的成就，也指出学生的欠缺之处，为后续学习奠定基础。

2. 形成性评价的形式

（1）测试性评价

测试性评价即测试学生一定时期内的教学成效。测试的目的在于了解学生学习过程中存在的问题，从而有针对性地改进教学。测试内容以学生的听说读写为主，同时还包括英语语言的其他的基础知识与技能。通过对学生进行测试来了解他们是否达到了预定的学习要求或标准，以确定其学习效果。测试性评价是指针对某一目标所达到的状态进行的评价，它应利于学生成长。从测试目的来看，英语测试大致可以分为以下三种。

① 学业成绩测试

学业成绩测试旨在测试学生对教学大纲所要求的知识是否熟练掌握。在教学实践中发现许多学生不能达到预期效果，原因在于他们不了解自己所学课程所包含的知识。所以测试内容要紧紧围绕教材及大纲的要求，使用学生较为熟悉的测试方法，这也是对学生学习和教师教学进行测试的重要手段。同时，还要考虑到考试本身对教学过程的影响，使之与教学目标一致。学业成绩测试可用纸、笔测试，但是，应注意客观题与主观题所占比重，把控客观题的比重，加大对听说读写译的考察力度，注重对语言运用的考察。

② 水平测试

水平测试旨在测验学生的英语水平。根据不同层次的大学英语教学大纲，对大学生进行分层级测试具有重要意义。各院校须要制定出符合本院校实际的测试大纲与标准。

③ 诊断测试

诊断测试旨在了解学生学习的具体情况，找出其学习过程中所出现的问题。它具有诊断作用，能够帮助教师深入了解学生，调整教学计划，让教学和评价更有机地融合。

（2）非测试性评价

非测试性评价可以记录学生各种学习活动的成绩，体现学生的进步和存在的问题。就非测试性评价而言，学生可以通过自我反思来对学习状况进行评价，这样才能让学生体会到评价过程中获得成功的喜悦，为其后续的学习注入动力。教师要根据不同类型和水平的学生的特点，采取适当的非测试性评价方式。非测试性的评价方法主要包括以下几种。

① 课堂观察

观察学生对于形成性评价起着至关重要的作用。教师应注意观察学生对新知识的接受情况，观察学生运用语言的情况，观察学生对于教学内容的反映和参与小组活动的情况。通过对课堂中学生学习生活的观察，教师能及时掌握其学习兴趣、学习策略以及在学习过程中所接触到的语言知识、技能和其他可能存在的问题。经过对有关资料的搜集和分析、对学生学习档案的记录和整理，教师可以针对某些问题制定相应的解决措施。

② 学习档案

期末时，教师要把这些资料收集起来，并加以整理归类，形成一份完整的“学习档案袋”。教师要让学生选择能够代表他们学习情况的任务、测验和其他资料，并置于其学习档案内，这样可以使学生从一个侧面了解自己的学习成绩及进步状况。教师要鼓励学生自我反省，不断调整学习策略，从而帮助他们提高学习成绩。学习档案并非单纯的成绩记录，更是促进学生进行学习反思的工具，学生已经不仅仅是评价的对象，他们也成了评价的参与者。以此来发展学生的自主学习能力，为其能终身学习奠定基础。

③ 问卷调查及面谈

采用问卷调查、面谈等形式，能及时掌握学习者的学习态度、情绪、学习策略、语言知识以及其他信息。调查问卷可作为一种教学辅助手段应用于大学英语教学，能够及时、高效地协助教师强化对学生的了解，调整教学内容、进度和方式等。

上述三种方式可以通过搜集表现学生发展变化情况的数据来反映学生的发展轨迹，能充分反映学生的个体差异。

（三）实现以学生为评价主体的转化

传统的英语专业教学评价总是把教师作为评价的主体，学生作为评价的客体，这极大地影响着评价的效果。

一直以来，评价的主体都以评价专家为主，英语专业教师为辅，评价标准、评价内容与方法也由他们主导决定。教师主导下的英语专业教学评价往往将评价视为课堂教学之外的一种活动。这种做法虽然有利于调动教师的积极性，却容易忽略对学习者学习情况的了解以及对其未来发展方向的预测。教学活动开始之前，教师已经制定了教学内容，评价通常采取衡量考试成绩的办法，在整个教学活动过程中没有对学生学习情况进行全面的分析，也就无法有针对性地制定相应的教学方法及考核手段。而且教学过程中存在的教学内容和方法上的问题，一般要待考核后才能显现出来，例如，教学内容很少考虑学生的真实需求，无法依据社会、经济和其他外部环境的改变，灵活地调整教材，灵活多样地设置课程内容等。

合理的教学目标制定后，要以教师为主体，对教学目标实现的公平程度进行评估。由于受客观条件的限制，英语教学活动往往很难做到完全客观地对待每一位学习者。评估主体如果不能真实地反映被评估者与学生之间的个体差异，并且没有设身处地地从学生的个体需求出发来设置不同的评估标准和评估方法，则难以最大限度地体现学生实现英语教学目标的程度。所以，我们常常会发现，评估结果很好，但是英语教学水平并没有提高。

由于评价者的评价心理占据主要地位，被评价者对评价者易产生顺从意图，也易对评价活动产生抵触、反感等情绪，这对获得客观、有效的评价结果会产生很大的影响。再加上评价者很少站在被评价者的立场上思考问题，易产生评价信息片面、失真的后果。

英语专业教学评价成为教师关注的焦点，而学生在评价活动中好像受到了排斥。以学生为中心的教学模式要求在教学评价中以学生为主体，以期获得对英语专业教学改革的综合、客观的信息支持。

第四节　教学策略与实施

一、“交际—对话”式教学策略与实施

“交际对话式”教学策略的出发点是提出启发性问题，激发学生对于知识自身的学习兴趣，激发学生主动思考，展开讨论，指导学生自己动手练习，在丰富多彩的课内外教学实践中，增强学生的英语应用能力。在执行过程中，采取学前问、学中问以及学后问的方式，使学生从开始学习到学习结束的整个过程中都被置身于诸多具有启发性的问题之中，学生在探讨、应对或解答的过程中，变被动听讲为积极参与，从而把英语教学过程转变为教师和学生、学生和学生、课堂和社会之间进行沟通的过程，将这种方式贯穿于学习的始终，充分注意学生情感因素对语言学习进程的重要性。具体说来，包括如下策略。

（一）问题情境中的双主互动式策略与实施

根据现代教学论的观点，教学认识过程就是认识主体以积极参与的方式进行教学活动的过程，它是以教师为引导，依靠其原有认知结构，对从对象那里获得的信息，进行加工处理的过程，同时它也是在教学活动之中，

以已有认知结构来“同化”外部世界的过程。学生是教学活动的主体，在教学活动之中，他们既是构建、维护、运用知识的基础，同时也是进行认识活动、获取道德和审美价值的基础。所以教学活动就是一种认知、感情全面发展的过程。

通过主体教育理论的提出，可以发现，活动是主体性得以产生与发展的一种机制。人的主体性在活动中产生，并在活动中得到发展。主体学习活动就是在教师指导下的以自主学习为特征的一种主动探究式学习过程。学生只有在自己操作的活动中，在主体的参与下进行观察、思考、探究，才能学会学习，靠自身努力去获得知识、得到情感体验，从而切实地实现教学目标。主体学习活动能使学生真正成为课堂教学的主人，让他们从被动接受知识转变为主动探求知识、掌握知识和应用知识，从而提高自主探究能力，培养创新能力和实践能力。因此不难发现，建构以学生为主体的学习活动，就是完成认识与发展的使命、弘扬主体性的基本路径。

双主——教师足够、切实发挥学生在认识活动中的主导作用，尊重学生的主体地位，建构学生的主体活动，弘扬学生的主体性；同学们在教师的引导下，认识并掌握认知活动规律，做到自主学习，自我管理，成为学习与发展真正的主体。

互动——在教学的过程中，主动创设活动情境，使集体教学与小组合作学习统一，形成师生互动、生生互动的局面。实现主体的协作和互动，弘扬学生的主体性，发展学生的社会性。

就英语专业课堂教学而言，互动的双方均为积极主体，合理安排师生互动乃是教学取得实效的根本条件。师生都是怀着学习意识走进教育过程的，从而逐步达到自我发展的目的。教育活动不仅是教师风格与成就的塑造过程，也是培养学生英语运用能力、塑造学生个性的过程，教师与学生的交往是为了成长与发展。师生互动的行为可以分为两种类型：控制型与综合型。在教师的行为表现为控制型的时候，学生会有逆反心理，课堂教学活动将成为一种“填鸭式”的教学，其核心是教师；当教师的行为趋向综合型的时候，学生很容易接受教师的赞许和帮助，同时他们会自发地提出问题，乐于为团体做贡献。当然，互动教学模式也赞同教师综合型行为趋势。

教学中要落实这一策略，需要做到以下几点：在双主互动中，理解是先决条件，离开了学生对于教学意义上的认识，教学中的互动将会处于不稳定的状态，教师在教学活动中，应指导学生做好认识工作，如对教学内容的认识等等，教学时要清楚地说清楚目的、态度，使学生大胆发表意见，通过相互了解，实现相互理解；教学活动的主题应该是明确的，教师在讲解内容时要善于举一反三，深入浅出；如果师生之间不能很好地形成“对话”，就无法实现更好的交往，而且“对话”一定要建立在师生、生生平等的基础之上，在教师“一言堂”式教学情境下，学生无权发言，就没有教师与学生之间平等的对话；教师要善于以情感人，要善于站在学生的角度，心中时刻保持学生化心态来开展教学活动；必须增强学生主体对教学活动的参与感，让教学活动真正成为教师和学生共同成长的过程。

（二）挑战性问题中的目标激励与目标强化式策略与实施

实践表明：学习能力较强的学生，其学习动机往往表现出对学校的积极态度，且符合学校的价值目标。学习能力较差的学生往往对学习持消极态度，往往关注个人兴趣所在。所以，教师一定要选择合适的教学内容。教学内容一定要与现实社会中语言的需求产生清晰的关联，还应按照现实社会对人才的需求进行设计。“教学内容”能催化有意义的语言运用，由于在良好的情境下理解并重塑意义，有助于目标语的结构发展，所以在教学内容的选择上应该有所考虑：内容难度是否适当，广度是否普遍。条件相同时，若被试者之间共同拥有资料，那么他们实现目标、获取知识都比较容易。若教学内容信息量合适，趣味盎然，意味深长，会有一种更为自然的生成，那些表达流畅、学生较为熟悉的内容更容易被把握，也更容易实施。但任务太简单的话，会在无形中让学生产生厌烦心理，对学习产生负面影响。教师应该给学生创设一些挑战性的条件，以促使学生积极地参与活动。教学中要给学生创设氛围，使其征服困难、赢得胜利。当我们设定具有一定困难但同时又是可战胜的任务时，我们应该给学生讲清楚任务的价值意义，接着设计多种方案，为学生提供所需背景知识，引出引导性问题，确保学生能够从中得到成功所需的基础学习环境，并以此激发其成就动机。若学习者取得了良好的课堂成绩，反过来，这些学习经验也将推动其在以后的学习过程中获得较好的成绩，使其获得满足。实验证明，课上英语学习过程中，激励最为重要，也最为稳定。所以我们应该运用学生原有的动机，把可能的学习转化为有价值的对象，使他们形成愉快地接受某种事物的心境，形成对学习有帮助的思想与态度，在任何时候都要给学生树立一个值得效仿的榜样，从而真正调动学生刻苦学习的积极性。

在某些高校的教室，一些英语教师的教学态度十分严肃，教学缺乏活力。在这样的教学环境下，学生们的需求往往得不到很好的满足，他们无法体验到学习的快乐，他们之所以坐在课堂上学习，是因为有学业压力。这种状况与课堂教学的目的相悖。反之，若教师能够创设轻松的氛围，使学生从学习中体会到成功的喜悦，能够满足其好奇心，探求知识的需求便自然而然地产生了。从学习成绩突出的学生身上，我们可以看出其认知需要强烈。可以这样说，认知需要就是教师持续发展，学生持续体验的产物。教师在开展教学活动的时候，一方面要适应学生的实际教学需求，这样才能保证学生在教学过程中的主动性；另一方面，教学的需要层次也应该不断提高，同时学生应该自觉追求更高层次的需求，他们的主体性在教学中的介入境界也会随之升高，同时其学习动机也变得越发强烈。

这一策略执行时应当这样做：唤起学生学习意向，唤醒学生学习的需求，增强学生的学习热情；明确每一堂课的学习目标，目标不宜过高，也不宜过低，应在学生已有水平之上，经过一定的努力就能实现；采用不仅方便学生理解，还可以激发学生主动性的方式方法，如创设问题情景，学习结果反馈作用的运用等等；勇于并善于发问，触发并接受问题，提问题与被问问题都是为了接受挑战。

（三）师生讨论中的“对话式”问答策略与实施

从教学过程来看，问答行为可以有两种表现：一是“质问式”问答行为，二是“对话式”问答行为。“质问式”问答行为下，教师在很大程度上完全掌控着问答的进程与走向，教师可问学生问题，然而学生无法问教师问题。教师在教学过程中，不断地提出问题，以考查学生是否把握教材，指导学生按既定方向前进。“对话式”问答行为最大的特点是教师提问，要求学生发表意见，与此同时，从学生发表的意见、观点之中，教师再引出一些新的问题，此外，在“对话式”问答行为下，同学们还可以问教师，围绕着一个问题一起讨论。所以“对话式”问答策略指向两个话源：其一，教师教学主题所引的话源；其二，学生学习问题所引出的话源。在这个进程中，学生更可能主导方向，有助于增强学生学习的主动性和创造性，更加有利于教师与学生之间的双向交流。任何一方不会以另一方为客体来控制和操控，教师和学生之间是平等、民主、自由、鼓励与帮助“伙伴”关系。

这种策略的特点是能诱导学生参与到教学中来并提供信息，引起学生对一些具体信息的关注，给他们提供实践和反馈的机会等等。这些问题在执行中应引起重视：围绕教学目标提出问题，切勿漫无目的地随便问；提出的问题不可太宽泛、太深太难，要根据学生的实际情况提出问题；提出问题应该具有一定的思维价值，能够激发学生自觉地进行学习、自行解决问题；提问应按照教学程序循序渐进、由浅入深地进行；必须增强课堂的组织性并加强管理，巧设问题情景，使学生在问题情景的创设下，学会积极主动地求知。

二、自主学习教学策略与实施

（一）英语专业自主学习教学策略理论基础

1. 自主学习的含义

对“自主学习”而言，不同学者对其界定也不尽相同，国内外亦有不少研究，共提出了三个学派观点：自主学习实质上就是言语的自我指导过程，即个体运用内部言语对其学习进行积极调控；自主学习就其本质而言，是操作性行为，是建立在外部奖赏或者惩罚基础之上的应答性反应；自主学习其实就是在元认知监控下进行学习，就是学生依据自身学习能力的高低、学习任务的需要，主动调整学习策略及努力程度等环节。

20 世纪 90 年代后出现了这样的观点，自主学习重视元认知、动机与行为及其他自我调节策略应用，着重指出自主学习就是自我定向反馈循环过程，自主学习者可以对其学习方法或者策略进行效果监控，并且依据这些反馈信息，对学习活动进行重复调整。

国内学者提出了自主学习是相对于“他控”而言的，即学生为了确保学习顺利、提高学习效率、实现学习目标，在整个学习活动开展过程中，把自己所从事的学习活动看作意识的对象，连续不断地进行规划、监督、检查、考核、反馈、控制与调整的过程。也有学者认为，自主学习是指自主地支配学习，它的本质就是独立学习，自主是相对于“他主”而言的，它们之间的基本分水岭就是学生的主体性能否在教学中建立起来。因此，自主学习既不同于被动接受式学习，也有别于单纯依靠教师传授知识。自主学习是能动的、超前的、独立的学习，具备异步性等特点。

在我们看来，自主学习应包括以下含义：学生自主学习要有内在学习动机，能够了解教学目的与方法，然后系统地制定学习目标，能选择适当的学习策略，对其学习策略及学习过程进行监测，对学习时间进行有效的管理，能够积极主动地创造利于学习的材料与社会环境，能够认识学习的结果，能够对学习结果进行评估。其目的在于培养学生积极、主动地学习知识的意识，教给学生一种学习方法，使学生由“学会”向“会学”转变。就教学活动而言，同学们可以自我激发动机、自主设置学习目标、制订学习计划、选择对应的学习方法、建设良好的资源和环境，最终完成学习任务。

2. 自主学习的特点

学生自主学习和被动接受学习相比，有以下显著特征。

（1）主动性

人类主体性的显著标志是其主动性，主动性是由个体行为目的性、选择性和自我调节性构成。自主学习作为一种新型的教学模式在国内外都受到了广泛重视。自主学习重在培养学生较强的学习动机，使其产生浓厚的学习兴趣，从而达到激发并保持其学习主动性的目的，学生能够依据自身条件理性行事，并且适时自我调节。这种主动性正是我们在教学中孜孜以求的理想境界，是实现学生自主学习不可缺少的保证。

（2）创造性

创造性是学生自主学习最本质的特征，更是学生主体性的表现。学习就其本质而言，具有创造性。自主学习就是学生在掌握知识经验的基础上，对知识进行认识的过程，使知识具有个人意义，是创造性的学习。自主学习重在两个方面，一方面是学习就是构建新信息的意义，另一方面包含了对自身原有体验的转化与重新组合，从而把学到的东西转化为可使用的资源。

（3）自主性

在学生自主学习的过程中，学生自主从事学习活动的机会较多，有较多时间与空间进行独立思考、提出问题、解决问题，学生也可以按照学习目标、学习特点与学习条件选择合适的、行之有效的方法，对自身学习过程进行规范以及创造性、策略性地化解学习难题。

3. 自主学习的心理机制

（1）班杜拉的自我调节理论

在心理学界，班杜拉最早系统地研究了自我调节行为，很多自主学习研究人员就是循着他研究的轨迹，就自主学习机制进行了深入讨论。人的自我调节行为包括自我观察、自我判断和自我反应三个过程。我们认为学生自主学习是一种自我观察和自我判断的学习方式，也是一种自我反应的过程。

（2）麦考姆斯自主学习模型

1989 年，麦考姆斯提出了自主学习模型，阐述了自我系统各结构成分与过程成分对于自主学习的影响。自主学习能力就是自我系统发展到一定阶段的产物。自我系统在激发学习动机方面起着至关重要的作用，并且对提出假说、进行说明有重要的影响，此外对信息的处理与整理也有着不可忽视的作用。所以，我们应该提倡学生自主学习，一方面，帮助学生建立对自己能力的主动认知，另一方面，应培养学生形成自我的特定学习过程。

（3）齐默尔曼的自主学习过程

齐默尔曼代表了自主学习中的社会认知流派，他借鉴班杜拉自我调节理论，提出自主学习模型，之后对模型进行补充完善。自主学习作为一种新的学习策略被广泛应用于教学实践中。自主学习和普通学习是相同的，都会牵扯到自我、行为、环境三个方面。自主学习者在学习过程中既要进行自我控制、调控，还要根据外部反馈，对外部表现与学习环境进行积极的监测与调控。自主学习可划分为三个阶段，即计划阶段、行为表现阶段以及自我反思阶段，在每一个阶段中还包括几个子过程或者组分。

通过总结可以知道，自主学习蕴含着复杂的内部结构与过程，人要实现自主学习，需具备两方面的基础条件：第一，有主动学习的愿望，即“想学”；第二，懂得学，即“会学”。要促使学生培养自主学习能力，教师要以以上某一个或某一些问题为突破口，使教学工作有的放矢。

（二）英语专业自主学习教学策略的实施

教学实施策略对达成教学目标具有关键作用，涉及许多方面的教学策略，教学实施策略的选择要建立在教学理论基础之上，既要与教学内容、教学目标相吻合，还必须与教学对象特点相适应，也要思考具体教学情境下的必要性与可行性。

1. 普遍性策略的实施

普遍性策略适合所有课型，无论是听力、阅读、写作教学，还是复习均离不开教师组织教学；教师和学生均需要采用不同的方法调动学生的积极性，这构成了教师与学生交互活动中的一个主要部分；提问同样是各种课堂都可能出现的一种教学行为。那么在阅读教学中如何有效地实施普遍性策略呢？我们在此就普遍性的策略，从组织策略、激励策略、提问策略三个方面展开论述。

（1）组织策略的实施

课堂组织是教学任务顺利完成的首要因素。如果教师没有对教学活动进行有效的组织，那么教师所开展的所有教学活动都无法发挥出它应有的效应。教师需要掌握一些方法与技术，合理组织课堂活动，对课堂问题进行有效认识，确保课堂教学的顺利开展。教师在课堂中的重要任务就是要营造一个有利于学生自主学习的氛围。现代外语教学理论发展到今天，人们已经重新认识到语言学习与语言教学问题。从某种意义上来讲，无论是交际教学的推广与普及，还是人本主义理论在教学中的应用，它们都在无形中将学生推到课堂主体地位，让教师角色发生转变，如今教师在课堂教学活动中扮演着组织者、控制者、检测者和启发者等角色。课堂组织应该选择合适的交互模式，课堂中的交互活动是教学活动开展的媒介。交互活动在无形中反映了学生的参与程度，交互模式恰当与否、使用得合理与否等等将直接关系到课堂的安排。课堂活动中的互动方式通常有班级、小组、同伴和个人四种类型。不同类型的课堂教学中，教师可以选择不同的教学方式来促进教学目标的达成。无论用何种方法，都要努力使学生投入教学活动。

（2）激励策略的实施

雅克博维次研究发现，在影响第二语言习得最重要的因素中，动机占据了33%。动机是指从事某一活动所具有的明确的目的性和为了实现这一目的所做出的某种努力。第二语言学习者必须首先具有较强的学习欲望，从而形成学习动力，然后落实到行动上。我们国家的中学生在进入大学之前是为了高考而学习，进入大学以后，是为了考试而学习。其中相当部分的大学生的学习动机具有工具性和外在性，属于一种短期被动的动机。很多同学虽然能够认识到我国在加入 WTO（世界贸易组织）之后，学好英语是多么重要，然而由于大部分的学生没有综合性的、内在的、深层次的主动性动机，加之平时不求上进，对于英语学习要求不高，因此他们的英语学习效果不理想。其英语学习动机主要有两个，一是通过期末考试，二是通过英语四、六级考试，并取得证书。他们较少顾及语言交际和实际运用能力发展的要求。当英语学习过程中出现困难时，他们并不会积极努力地战胜困难，而是会找种种捷径去逃避。动机和外语学习效果之间有着极其紧密的关系，所以如何在英语专业的课堂上培养并激发大学生的学习动机，这是摆在广大教师面前的重要课题。

通常情况下，一个完全的动机由以下几个部分构成：一是内在需求，二是外在诱因，三是自我中介调节作用。这就将动机理解成一种自我调节作用的结果，个体将其内在需求（如本能，需求与驱动力）和行为外在诱因（如目标、奖惩等）调和起来，由此产生刺激、保持行为动力因素等。内在需求、外在诱因与自我调节之间的关系被认定为动力过程。

第一，培育和激发内在需要。动机产生于个人内在需要、内部唤醒状态下。需要的生成与转化是有效培育与刺激个体内在需求的首要手段。个人的内在需求是在与目标发生关系时产生的，这时它便从一个基本的需要状态变成了唤醒状态，形成了一定能量及方向性驱力。而驱力则是行动的直接动力，使学生据此清楚地了解自己的学习目标，以强化学生内在的唤醒状态，增强他们内在的学习驱力水平。持这一内部动机观点的外语学习者具有学习的持久性，他们将不会受到外界因素的影响，能集中精力学习英语。教师在实际教学中要以教学内容为导向，搜集有关的内容信息及资料信息的获取方式，与现实生活相联系，创设语言情境或者课下拓展知识，这对学生有所裨益，能够不断地满足并激发学生学习的需求与兴趣。

第二，设定和利用外在诱因。外在诱因主要指行为目标及奖惩方面的因素。在教学实践中，要针对学生的具体情况确立教学目标，目标要略高于学生现有的发展水平，从而激发学生的学习热情，并将长远目标与近期目标结合起来，使学生不断成功，要以经验成功为基础，培养学生朝着长远目标努力的动力。教学上对有较小成就且有上进心的学生，教师在教学中应多多鼓励。教师简单的一句“Good（很好）”或点点头、微笑均能产生激励效果。惩罚的作用是使学生克服学习时注意力涣散、不够刻苦的问题，促使学生更加努力地学习以避免受到处罚，从而实现推动。但是处罚常常会伤及学生自尊，使学生产生敌对情绪，所以不宜经常处罚学生。

第三，要发展自我调节能力。自我调节在动机内在起因与外在诱因之间起着中介桥梁作用。合理的预期应存在于教学之中，预期指人们对于某种行为目标得以达成的概率大小和价值的估计，即个人先于行动而意识到行动所带来的结果，要按期望调节动机水平、行为目标等使行动方案与个人内在要求相一致。教学也要及时反馈给学生学习效果，使同学们能及时地了解到他们的学习进展及成果，得出相关评价，从而较好地规范自身学习动机，提高学习行为水平。

第四，发展自我效能信念。自我效能是指个体相信其现有能力能顺利完成某一活动而产生的心理特性，又称为自信心。通过自我效能信念，可以判断一个人在从事某项活动时是否成功，这直接关系到教学目标的制定、学习动机诸要素之间的和谐等等。每一个学生都会产生一种证明自身能力的欲望，正是这一心愿，使他们有了战胜困难、坚韧不拔的勇气。在教学时，要允许学生制定评价他们的准则，对后进生给予恰当的帮助，让优秀学生从事更多具有挑战性的工作，设计弹性评估的步骤，让优秀学生看到他们的高水准，让差生们看到他们的收获。使学生获得成功的体验肯定了他们在学习中的潜力，有利于增强学生自我效能信念，调动学生内部动机。

第五，对结果进行成败归因培养。归因是指一个人对其本人或其他人的行为结果所作出的说明或推断。就学习活动而言，每一个学生从他们的学习行为和学习结果中，经历着成功与失败的过程，亦皆能发现种种原因说明其成败得失。归因恰当与否直接影响着学生的自我判断与学习态度。学生把自己的败笔归咎于能力不济时，有丧失自信的危险；将失败归结于方法不恰当时，学生会在一定程度上尝试着去做，去突破；在学生把成功归功于自己的能力的时候，成功可以让他们增加信心；当他们将成功归功于奋斗的时候，表示问题难度中等。所以，教师应该让学生觉得“他们有学习能力”，引导学生个体重视学习活动中学习成败经验教训的总结，成功了当然更增加自信，即便失败了也不要将原因归结于不可控制因素（运气不好或能力差），而是要在学习上客观地寻找可控制的因素（比如努力的程度、学习策略的使用等），并总结经验，这样下次还会有更出色的表现，形成良好的归因心理。采用归因训练的方法，解决学生的理解问题，转变学生归因方式等，能够激发学生学习的热情。

（3）提问策略的实施

提问是课堂教学中使用频率最高的一种策略，更是最有影响力的教学艺术之一。学生只有产生了解谜的心理需要，他们的求知欲、探索欲望才会引导他们进行主动探究。学生探究和学习的积极性、主动性常常从疑问重重的场景里形成。通过问题情境的创设，引起教学内容、生活实际和学生求知心理的认知冲突，将学生带入问题解决情境。提问与回答作为英语专业课堂上最为常见的话语形式之一，能增进教师与学生的互动，激发学生的学习动机，调节和控制教学过程，在语言习得过程中起着巨大的推动作用。提问能确保学生参与学习活动，通过提问调整，学生的语言也就更清楚，更容易被理解，极大地推动了交互活动。以提问为主组织教学，可以运用在课堂教学的各环节中。

① 计划策略

应该让学生主动参与提问，教师要事先明确设问目的，精选问题内容，组织提问，并且尽量预测同学们的答案。

② 问题设计策略

在设计问题的时候，尽量设计一些可以启发学生思维的问题，同时还要兼顾学生的语言能力、知识水平以及思维能力发展情况，使设计的问题既不会太难，也不会太简单，总之要给学生一定的挑战性。正确解答此类问题，不仅可以培养学生的自信心，同时对于培养学生的能力有着非常重大的意义。

③ 控制策略

在问题提出的过程中，要自觉调整提题方式，使问题从易到难，体现其层次性，为学生预留思考时间。在学生回答不上来时，教师要给予暗示或指导，让学生想出答案，还能把问题转移到同学身上。

④ 反馈策略

在适当的时候，向学生提出一个问题或者给出一个答案并进行评估，这是问题讨论有效开展的保障。教师要对答非所问的同学进行鼓励和指导，对成绩好的学生进行口头称赞，甚至对其非语言行为、表情等皆可进行回应，让学生获得成功的体验，唤起学生的自信心使其获得成功。

从英语专业性质及具体教学内容来看，教师把学习内容变成了多种形式的有价值的问题，同时借助网络/教学演示课件进行展示，给学生课内、课外研究性学习设置了一个出发点。所以我们要多给学生营造一个思维的场所，在教学的过程中，善于借助多媒体教学系统引导学生进行思考、探讨和解答，而非对学生的思维进行束缚，使其被动地跟在教师后面。

2. 具体教学策略的实施

（1）听力与阅读教学策略的实施

听力教学就是听者主动接受目标语言，听懂、甄别有用信息，存入长时记忆中，逐渐拓宽听觉渠道的过程。

心理语言学把阅读看作信息加工的心理过程，读者借助视觉信息，从下到上地对文章中的字、词、句进行解码，并在此基础上理解整篇文章的意思；读者还可以借助现有背景知识，自上而下预测内容。听力、阅读材料都是特定社会、特定文化下的产物，必须有特定的文化和社会背景，才能真正对内容有一个完整的了解。在信息环境下，英语专业教学主要运用多媒体计算机为主的信息技术与资源，建构起英语专业的教学活动。这些教学活动以信息技术为依托，讲授英语专业学生所需的听读基础知识和技能，并训练学生运用信息技术获取外语听读所需信息的能力，让学生从计算机文化中感受到丰富的内容，拓宽学生的文化视野。信息技术的蓬勃发展为多媒体辅助英语专业阅读教学创造了有利条件。与传统印刷文本阅读教学比较，多媒体能把文字与声音、图像和其他媒体结合起来，形成全面的信息，提高学生的阅读兴趣。由于多媒体带有内置帮助手段，比如在线词典、在线词汇表、句子解释等其他功能，同学们对所读资料比较容易理解。此外，多媒体辅助英语专业阅读教学还具有其“可改变性”等，学生可在计算机中直接修改、复制和重组电子文本；阅读活动已经不是单向交流了，逐渐发展为文本和读者的对话，这种双向交流较易达到学生自主学习的目的。

（2）口语和写作能力教学策略的实施

口语和写作都是语言的基本表达方式。在语言教学中，学生不能开口说英语的最主要的原因便是心理障碍，比如羞怯、害怕犯错等，此外，学生自信心不足也是主要的心理障碍之一。要克服心理障碍，有效途径是营造宽松、愉快的课堂气氛，鼓励同学们大胆发言。

教学过程中的交际化策略，是指教师有目的地培养学生口语和写作能力的一种方法。这种策略在教学过程中应该突出交际训练这一要素，以使学生能够进行真正的信息交流。教师可提供背景，同学们在课堂上开展模拟活动。

交际使学生自由地思考和创造，学生在给定的语境下自由表达，逐渐由“要讲”变成“要讲好”。比如信息技术利用在线聊天、电子笔友的功能，给同学们营造出真正意义上的讲、写语言运用的环境，在和英语国家的同学们、笔友们通信来往的过程中，同学们所听到的、所读到的均是地道英语，当然也有对方独到的思想观点。

巧妙应对语言错误的策略，是指教师在教学过程中，要建立正确的语言错误观，正确地看待学生在表达上所存在的问题，不同的阶段，面对不同的学生，根据错误程度不同，对语言错误作不同处理，指导并协助学生纠正错误。教师在教学中应及时指导学生看到自己在学习中的进步并给予激励。大量研究显示，怕出错的同学往往在口语练习时保持缄默，或者在写作时机械地照搬课文的原句，教师改正错误时，应该帮助他们建立自信心。

练习方式的活动化策略，它是指由教师精心设计的有针对性的语言表达的实践活动，给学生提供了充分的语言使用机会，而且不只是简单语言形式上的机械重复，它包括英语游戏、讲座、竞赛和其他活动，学生可以利用教室以外的资料产生体验与认知，不自觉地使用所学语言。

（3）词汇语法教学策略的实施

词汇语法在外语中占有举足轻重的地位，它不仅对语言课堂教学有很大的帮助，并且对于加速学习过程也是必不可少的。词汇语法教学的目的是增强学生外语交际能力，教学的着眼点是怎样让学生置身于具体的语言环境之中，为了达到交际功能，可以恰当得体地使用以下语言形式。

① 完整步骤化教学策略

完整的步骤化教学策略是指教师在实施语言形式教学时，谋划好的一系列的完备、有计划的教学活动。学生在这几个环节中获得了语言知识，最后可以使用语言形式交流。在使用这一策略时，教师要带领学生经历由不知道到了解，然后到可以灵活使用的过程。

② 训练有效记忆策略

训练有效的记忆策略是教师开展词汇教学时应该自觉采取的、有针

对性地培养学生应用有效记忆的方式与技术，能够增强记忆效率。这样的训练以学生已经掌握了一些词汇为前提，帮助学生扩展词汇或者加深记忆。

③ 整理归类、区别对待策略

整理归类、区别对待策略对于词汇教学而言，就是指教师在教学中要分清主动性词汇与被动性词汇的界限，要运用不同的教学手段，提出不同的教学要求。教师要指导学生恰当地划分词汇，根据同类进行改造、衍生，使其了解一词多义、一义多词等近义词、反义词，等等，积极帮助学生对词汇进行梳理，巩固所学内容。当词汇比较丰富或者复习阶段使用这种策略时，有助于学生大脑中词汇之间建立起彼此的多重联系，从而达到巩固、深化记忆的目的。

④ 比较概括策略

比较概括策略对于语法教学而言，就是指教师应该在适当的时候，对已经发生的语法现象加以比较、分析、概括和总结，强化对语法现象的理解和把握，借助信息技术，利用图表、故事和其他方式概括语法。通过比较概括法可以使学生加深对所学语言知识的记忆和运用，从而提高学习效率。

第四章 英语教师发展概述

本章的主要内容是英语教师发展概述，主要从三个方面进行了论述，分别是教师专业发展内涵与发展意识、英语教师的专业知识结构和能力结构、英语教师专业发展面临的机遇与挑战。

第一节　教师专业发展内涵与发展意识

一、教师专业发展的内涵

针对教师专业发展这一概念，不同的专家给出不同的解释。专业发展实质上是指在专业化道路上不断成长的一个过程性活动，这种活动所囊括的内容众多，主要包括在职教育、协作互助、个人发展等。下面罗列出两条被众多专家学者所认可的对教师专业化角度的理解：其一，将教师专业化发展的问题放在心理学角度进行分析；其二，教师的专业化水平与教师自身所受的教育密切相关，教师专业化发展可以尝试从教育学出发进行研究。总而言之，教师专业化发展是持续的、动态的发展过程，其中伴随着教师能力、素养、专业化水平的不断提升与完善。

教师专业化发展这一概念的提出，完全打破了大家的传统观念，让更多的人认识到教师以及教学也可以成为一种专业并进行发展。教师专业化发展的提出不仅使人们的认识发生了改变，而且在一定程度上还影响着人们的实践。目前，人们对于教师专业化发展的研究不断深入，世界各地都十分重视教师的专业化，并且将其作为教育教学的总体目标。针对教师专业化发展，各个国家提出了不同的要求，并且在这些要求下积极开展各项提升教师专业化水平的教学活动及改革。全球范围内的教师专业化大改革已经正式开启。

若想真正提升教师的专业化水平，主要从以下两个方面入手。

提升教师的地位以及优化教学实践。提升教师的地位，具体是让教师这一职业逐渐被大家乃至全社会认可和尊重，真正使教师作为专业人员立足于社会。因此，在实现教育专业化的整个过程中，对教师的工作提出了有关专业化方向的众多要求。这实际上是为了促使教师的教育教学活动能够更加规范、专业，在一定程度上也提升了教师的教育教学水平。

如果从学科教师的角度来论述教师专业化发展，我们可以将其理解为一种在相对规范的教学环境下逐渐向专业化方向迈进的过程。教师在实现专业化的道路上少不了外部环境的支持以及自身的努力。对于前者而言，应当为教师提供高质量的职前培训，并且主要针对教师的专业规范展开培训；对于教师自身而言，应当不断完善自我，提升自己的专业化水平。这两个因素对于教师的专业化发展至关重要。

作为教师个体，要成为真正意义上的专业人员，需要从职业道德、专业知识与能力、劳动形态上不断提升自己，达到以下要求。

就职业道德而言，要求教师不仅要具备基本的道德素养，还应具备专业精神。国际上对教师专业精神的培育日益关注，将培育教师专业精神视为干好本职工作的重要保障与内在动力。究其原因，是教师只有在拥有高尚的专业精神之后，才能在身处不同的环境与条件的时候，将自己所做的工作跟社会的发展前景相关联，关心所有学生的生命价值，关注学生家庭的希望和幸福，同时在工作时有责任感，有使命感，之后为其所热爱的教育事业投入毕生精力。

就专业知识与能力而言，要求教师由原本的“单一型”向“复合型”转变。随着社会的发展，科学技术不断综合，教育更加社会化，同时教育与科研也朝着一体化方向发展，这些都对教师提出了新的要求，需要教师具备比较深厚的科学与人文素养。因此，未来的教师将是多种知识、多学科知识交叉融合、相互渗透、相互促进的新型人才。以前那种只会教授某一门课的教师，或许今后已经不能满足新的教育要求了。因此，当前教育对教师新的要求是，教师应能够一专多能，且拥有广泛的知识。

就劳动形态而言，要求教师转变角色，由“教书匠”向“创造者”演变。教育作为一种劳动，具有创造性，传统的机械操作和简单重复已经不能适应新时期对教学方面的要求。教育的对象参差不齐，教授的知识十分庞杂，教师的个人素质差距悬殊，因此教师的劳动不会千篇一律，无论是抓住教育时机，还是化解教育矛盾，都要求教师要做得恰到好处，要适时判断并在此基础上采取英明举措，争取达到最好的教育效果。

二、教师专业发展意识

教师的专业发展意识，就是教师按照专业发展的需要，根据自身专业发展的当前情况，对于今后自身专业发展的规划，以及对于自身专业发展的进程，所持有的理论化与系统化认识。教师专业发展不仅激励着教师的发展与成长，还在教师成长与发展中起着督促、计划以及指导等作用，其根据教师的职业认同程度和成就动机，以及教师对自身的认知，进行全面展开。

教师个人专业发展的需求被忽视，久而久之，教师专业发展的动力和欲望便消失了。表现得最为明显的是当今的青年教师，由于他们的教学时间短，经验不足，也没有比较稳定的学科研究方向，参加重大的教学学科科研项目的机会很少，进而这些教师会对自己平淡的教学生活产生疲倦心理，具体表现为专业知识基础薄弱、专业发展动机不足、缺乏自信心。由此可见，加大对教师专业发展的自我意识培养，对他们的专业发展和成长过程起着至关重要的作用。

（一）专业理想意识

教师的专业理想是指教师对自己发展成为成熟的专业教师的追求和向往。专业理想意识对教师的专业发展有非常大的影响，不仅给教师们提供了目标，而且对教师们的发展起着推动作用。教师的专业理想包括教师的工作积极性、专业发展动机以及对自己专业的兴趣程度，即教师对自己职业的追求和向往。教师若是对自己的职业有专业理想意识，那么会对自己的职业产生高度的兴趣，对教学工作会有极大的投入力度和认同态度，并且会着力提高自身的专业能力和素质。如此一来，不仅可以提高教育者的自身教育价值，而且可以满足社会对教育的需要。教师的专业理想影响因素也有很多，比如学校对教师工作的支持程度、教师自身的专业程度、学校领导的思想观念等。教师专业发展过程涉及最多的场所是学校，因此，学校领导要给予大力的支持和帮助，帮助教师树立专业发展意识，培养教师的专业理想意识。

（二）反思与科研意识

反思以及科研能力在教师专业发展道路中扮演着重要角色，教师应当对自己的教学工作有全面的认识，从多方位发现自身存在的问题，正视自身的不足，找出相应的解决方案，不断完善与提升自我。教师需要留意教学中出现的问题，与学生及时沟通，不断优化教育教学方法。除此之外，科研意识在教师迈向专业化的道路上占据重要地位，教师应当深入科研活动，增强科研意识，从根本上重视科研意识的培养。就教师科研意识培养而言，可以从两个方面出发：其一，奠定良好的理论基础，系统学习科研方面的知识，将科研与教育学研究紧密联系、相互渗透；其二，理论结合实践，通过实践探索、分析推理，不断提升科研意识以及创新意识。

（三）学习专业发展理论的意识

教师之所以学习专业发展理论，是因为这些理论知识不仅在一定程度上可以辅助教师教学，还可以不断提升教师的专业化水平。除此之外，对于教师今后发展或者教学能力都有提升作用，这样也可以使教师正确认识到自身教学的不足，进而全新地审视自我、完善自我，还可以帮助教师更好地规划今后的发展，制订一系列可行计划。总而言之，增强教师学习专业发展理论的意识，主要有以下两点优势：首先，这种意识可以转化为教师迈向专业化道路的动力，增强教师的教育责任感；其次，可以实现教育教学方面的小目标。只要教师能够全面认识自我、完善自我，对教育事业充满热爱，便可以对今后的教育事业作出系统的规划，不断发展并创造尽可能多的提升专业化水平的机会，并且发展一切有利于专业发展的因素，激发教师潜在的专业素养，从而优化教学以及不断提升自我。

第二节　英语教师的专业知识结构和能力结构

教师的专业化水平主要体现在教师的能力结构以及专业知识结构上，

二者的有机融合可以帮助教师正确认识自我，不断优化教育教学方法并向专业化方向迈进。对于英语教师而言，首先要具备良好的听、说、读、写、译的能力，这也是教师专业化素养的基本体现。同时教师还需要强化学生在这方面的知识，最大化地提升学生的英语水平；其次，在此基础上还要求英语教师的知识面要广、视野要开阔，能够为学生传授更多课本之外的知识，这种能力才是专业化最为直观的体现。

一、英语教师的专业知识结构

（一）英语语言知识结构

英语学习同其他语言学习一样，基础知识十分重要，因此，英语教师首先要具备过硬的基础知识，自身熟练掌握并传授给学生听、说、读、写、译五大基本能力。英语教师如果不具备专业水平，则无法正常开展教学活动。英语教学十分重视语言基本功，英语教师也只有具备强大的语言基本功，才能够传授给学生较为标准与官方的语音语调。英语口语作为英语教学的一大重点，英语教师必须能够讲出一口流利的口语，才能够更好地培养学生的语感。因为教师的发音直接影响学生的发音，并且流利的口语可以充分调动学生学习英语的积极性，能够为学生营造专业化英语的良好氛围，进而提升学生的英语综合素养。除此之外，英语教师还必须具备阅读与写作能力。

（二）普通文化知识结构

英语教师只掌握英语知识还远远不够，还要具备广泛的知识面、开阔的眼界，因为英语本来是一门实用性很强的学科，涉及社会的各个领域，并且囊括风土人情、社会科学等众多方面。为了使学生更好地适应社会需求，英语教师应当从多方面传授给学生不同领域的英语知识，使学生真正融入英语学习，在实际生活中能够学会运用英语。

（三）操作性知识结构

教师在具备系统的专业知识体系的基础上，还要建立操作性知识体系。为了能够让学生高效率地掌握教师所传授的知识，英语教师应当采取适当的教学手段。这些其实都离不开操作性知识。操作性知识是指教师用于提升教学效果的一类知识。教师获得这方面知识的途径很多，可以通过研究心理学、教育学等课程来获取，也可以通过教师与教师之间的经验分享、沟通交流获取。在实际教学过程中，众多教师讲授专业性知识与课外知识的方式大致相同，但就最后的教学效果来看，二者存在很大的差异，造成这种现象最主要的原因是教师严重缺乏操作性知识。在现代英语教学过程中，数字化电子产品以及多媒体设备在课堂教学中被广泛应用。借助这些设备，学生能够更好地掌握英语教学所要求的听、说、读、写、译五大能力，教师的教学形式也发生了巨大的转变，告别了以前的粉笔与黑板，采用的是创新型、生动化的教学方式，这些方式都有助于学生英语能力的提升。

（四）个体实践知识结构

教学方法运用得恰当与否，不仅取决于教师对教材和学生的特点把握是否到位，更受教师本人的教学风格的影响。教学的艺术性和创造性正是教师个人对于教学的理解和把握，以及根据教学场景的变化而表现出的随机应变的智慧。这些智慧就是教师的个体实践知识。教师个体实践知识的获得常常要经历十分复杂的过程。要有效获得这种知识，教师不仅需要有深厚的理论功底，还需要在实践中不断积累经验，不断创造性地运用教育教学理论解决教育实际问题。英语教师扎实的语言基础、标准的英语发音、丰富的普通文化知识、熟练的多媒体技术的运用、独特的个性魅力等，都是教育智慧得以产生和发展的肥沃土壤。每一位英语教师都应该努力去追求，培养自己形成具有独特个性魅力的教学风格，以使自己成为真正意义上的教学名师。

二、英语教师的专业能力结构

随着信息时代的发展以及教育教学的深化改革，英语教师面临的挑战越来越多。英语教学的专业发展对英语教师提出了新要求，即教师作为专业人员向学生传授知识。因此，教师不仅需要掌握扎实的专业知识，还应当在熟练掌握的基础上渗透英语教学，将其转化为教学能力，可以将英语教师的专业能力结构总结为以下两个方面。

（一）基础性能力结构

教师的能力是其专业化程度的直观体现。英语作为一门专业课程，要求教师具备过硬的基础性能力，这也是英语教师能否胜任岗位的衡量标准。从教师所面对的对象、工作性质、教学模式来看，英语教师应当具备一定的沟通能力、教学设计能力以及教学监控能力。

1. 沟通能力

学会沟通是对教师最基本的要求。因为教学不仅是向学生传授知识的过程，更是一个陪伴学生成长的过程，所以师生的交流与沟通必不可少。如果教师具备良好的沟通能力，则在课堂中可以激发学生学习的兴趣，进而提升英语教学效果。沟通也可以极大地促进师生之间的关系。对于英语教学本身而言，沟通显得尤为重要，交流是英语学习的基础。英语教学离不开沟通交流，只有学生与教师进行沟通，教师才能发现其存在的问题，沟通交流的过程实际上是学生不断进步的过程。最有效的教学方式是沟通交流，因此具备沟通能力对于教师的教学显得至关重要。

2. 教学设计能力

在教学工作中，教学设计是十分重要的能力，其集中体现在教师组织教材、开展教学的方式方法等方面。氛围较好的课堂可以充分调动学生学习的积极性，激发学生学习的兴趣。教师新颖的课堂设计也可以吸引学生的注意力，进而提高教学效率。教学设计其实与上述所提到的操作性知识密不可分，但二者不能够等同，操作性知识结构的完善并不一定意味着教师的教学设计能力较强。教师与教师之间进行有针对性的探讨可以有效提升教师的教学设计能力，主要通过分享不同形式的教学方案、新颖的教学理念等展开论述。在不同教学设计下的课堂存在着很大差异，这也直接影响学生学习英语的效果。

3. 教学监控能力

教学监控是课堂顺利开展的重要保证，并且能否达到预想的教学效果也取决于教学监控。教学监控能力离不开沟通以及教学设计能力，这实质上是一种综合性的课堂管理能力。教学监控能力可以帮助教师有效地管理课堂，确保每一个学生都能够在课堂中有所收获、有所进步，这是教师在教学过程中最为核心的能力。这种能力的培养需要长时间的经验积累，规律性不强，并且对于教师综合能力的要求较高，因此教师管理好课堂并不是一件容易的事。

（二）发展性能力结构

随着科技的发展、时代的变迁、教育的深化改革，教师的教学也应当紧跟时代步伐，逐步改进教学体系以及教学方法。尤其对于英语教师而言，其知识体系以及教学能力必须顺应时代的发展。多媒体设备的从无到有是一个很好的例子，教师以前常用的黑板已经无法满足教学需求，多媒体设备的出现带给教师一种完全不同的上课体验。随着多媒体设备的普及，英语教师所面临的压力也随之增大，教师必须掌握一定的计算机操作技能以及信息处理能力，因为多媒体设备的使用情况直接影响到课堂的整体效果，因此对于英语教师而言是一种极具挑战的能力考验。

解决上述问题最好的办法是实践，在实践中不断发现问题并解决问题，不断解锁新技能与新方法。就教师发展性能力而言，主要包括以下五个方面。

1. 合作研究的能力

教学专业与其他专业最大的区别在于工作对象的不同。教师所面对的不是静止的物体，而是一个个具有主体思维的鲜活的生命，教学的复杂性、艺术性和创造性皆由此而生。看似惯常的教学活动几乎没有一点是重复的，教师不断被置于新的教学情境中，不得不面对许多新问题。而这些问题都具有个体性、偶然性和情境性，需要教师自己去反思，去寻根究源，找到解决问题的办法。所以，研究应该是教师工作的一种常态。

要想培育与提高英语教师在研究方面的能力，首先要培育教师批判反思的意识。教师的批判性思维与教师的专业成长有着密切的联系。教师必须从日常经验中解放出来，对于貌似普通的教学现象，要时刻持有一种批判态度，才有可能找到教学现象后面所潜藏的深层次教育问题；只有从这些问题中汲取智慧，才能提高自己的课堂教学水平。唯有在日常的教学中进行反思，才能用锐利的眼光捕捉到教学中需要注意却容易被忽视的细节。简单重复已有的教学经验是许多教师专业能力退化、教学效能低下的重要缘由。因此，只有教师自己才能改变自己，只有当教师意识到自己经验的局限性，并通过反思进行批判、调整和重构后，才能形成先进的教育理念，才能总结出有效的教育方法。

当然，英语教学的研究需要同事之间的沟通和合作。教学工作的特殊性和复杂性决定了教师仅仅依靠个体反思难以实现真正意义上的专业发展。教师需要与同事一起合作，共同发现问题和解决问题。因此，合作应该是教师研究的主要方式。培养合作能力需要教师有平等开放的心态，有不耻下问、乐于助人的精神，有不计个人得失，把促进学生发展作为教学唯一目的的教育信念和责任感。

英语教师的合作研究能力会在教学中深刻影响学生的合作探究能力。这一点在英语课堂教学中表现得更为明显。有合作研究习惯的教师自然会把这种习惯迁移到自己的课堂教学中去，从而使自己的课堂教学更具亲和力。长此以往，教师的习惯也会变成学生的习惯，达到潜移默化的目的。

2. 课程开发的能力

课程是联系英语教师和学生的纽带，是英语教师影响学生的重要载体。课程对学生发挥教育作用的大小，很大程度上取决于教师引导学生理解课程的深度。学校的课程权力能否得到真正的体现，新的课程观念能否在教学实践中得到很好的贯彻和实施，学校能否开发出符合学生需要的、具有学校特色的校本课程，都将依赖于教师是否具备良好的课程开发能力。

3. 创新的能力

唯有创新才能够真正推动教学的进步，因此要将创新能力作为教师的核心竞争能力。根据创新能力的不同，可以将教师大致分为两类，即经验型和专家型。创新能力具体表现在：教师在课堂中结合不同的教学环境所运用的不同的教学方法，在遵循传统教学要求的前提下，又能够将教学活动开展得丰富多彩、生动形象。这是教师创新的综合体现。创新能力的培养需要日常生活中的点滴积累。当然，教师拥有过硬的基础知识是提升创新能力的基础，缺乏基础知识的教师很难产生创新意识。实践与创新密切相关，二者相辅相成、相互渗透。教师的实践能力在一定程度上会影响教师的创新能力，因此提升教师的实践探究能力可以有效促进教师创新能力的形成。

4. 知识管理的能力

随着时代的发展和科学技术的进步，教师传授的知识体系和理论也在不停地更新和修正。因此，当今社会体制中的授课教师应当对传授科目的知识体系有着系统的认知和独特的理解，时刻关注相关的知识体系，积极学习，积累新知识。在如今的多媒体社会，获取信息的途径多种多样，人们的日常生活中充斥着各式各样的知识体系。在这些庞大的信息知识群体中，大多数对人们而言没有实际意义。作为一名传道授业解惑的教师，更应当对生活中的庞杂知识信息和知识体系有独特的认知，并在每天所接触到的各类信息中提取对自己和学生有益的知识；对自身的知识体系有一定的管理能力，与教育体系和社会制度实时接轨，紧跟潮流。和其他教学科目不同，英语作为语言教学需要有广泛的阅读资源和教学资料。因此，英语教师更应当对自己的知识储备有一定的管理能力，能够从生活中庞杂的知识体系里提取对自己有用的知识，在节约自己时间的同时，提高教学质量和教学效率。

5. 规划生涯的能力

在如今这个科技飞速发展的社会中，竞争越来越激烈，许多在校学生已经感受到学业和工作的压力，而作为学生的授课教师，其工作内容和工作负担也在逐步增多。作为新时代的学生的领路人，各学科教师应当在行为和思想上严格要求自己，制订教学计划、明确教学目标、完善教学体系、端正教学态度；除此之外，还要在教学过程中，严格要求自己，明确教学任务和教学目标，结合每个学生的实际学习情况，制定具有针对性的教学方案和教学计划；在教育教学过程中，多思考，多行动，正确认识自身的意义和价值，为学生提供更多的帮助和引导。

作为一名优秀的英语教师，应当在每一届学生教育工作开始之前，总结反思自己之前的教育历程，做好新的教学规划，确定新的教学目标，牢记自身的职业使命。只有将教学过程中的每个细节都做到、做好，才能够脱颖而出，成为一名教学名师。

不论是哪门教学科目，都有着相关的知识框架和知识体系，并且会根据相应的教学需求做出改变。在教学过程中，教师应根据学生的具体情况，结合社会的相关需求，创新和研究出当前最适合的教学方式和教学计划。除此之外，教师还应当对自己的专业知识储备严格要求，积极主动地更新自己的专业知识，紧跟时代的潮流，从而成为一名优秀的英语教学名师。

第三节　英语教师专业发展面临的机遇与挑战

大数据时代的到来为英语教师带来了很多机遇和挑战。本节以大数据时代的特点为切入点，从教学资源、教师角色、师生关系、教学评价和课程设计等方面，分析大数据为英语课堂带来的一系列变化。同时，为了顺应大数据时代的发展需求，英语教师同样也面临着一系列挑战：教学资源信息过载，教师职能从信息传授者到信息整合者的转变，以及传统教学方法和评价机制不能顺应大数据时代的发展需求，等等。因此，教师需要提升自身能力以应对这些挑战。

一、英语教师专业发展面临的机遇

（一）教学资源方面的机遇

互联网的飞速发展拓宽了英语教学资源的供给渠道。网络资源能够让教师实现多元化的课堂教学方式，以学生兴趣为出发点，加强他们对英语学习的积极性，并且营造良好的课堂氛围。大学英语课程教学所提倡使用的现代化教学手段，如大数据、互联网、多媒体以及计算机等，能够让英语教学更上一层楼。但一对一的辅导也必不可少，这是为了确保网络学习有良好的效果。在当下的学生生活中，信息呈爆炸式增长，不免会引起他们的好奇心。如果学生沉溺于网络，则会影响他们的学习。当面辅导可以减弱这种倾向，监督学生学习。教师应该充分地利用好这些资源，激发学生学习的兴趣，使英语课堂具有一个更加优良的学习氛围，让学生更积极地投入学习。

（二）教师角色方面的机遇

教师角色在传统教学和大数据环境中完全不同。在传统课堂中，教师是主导知识的人，但在大数据背景下，教师则成为整合知识的人，课堂上的信息开始被学生主动收集。大数据让学生在课堂中不再是被动地、填鸭式地学习，而是主动地学习；课堂和学习的重心由教师变成学生；学生在课堂教学中有了更多的参与感，开始成为课堂的主导者。想要在大数据背景下使学生的需求得到满足，教师可以根据学生的需要提供不同的教学资源[①]。

（三）师生关系方面的机遇

各种各样的思想在大数据时代下不断碰撞，丰富了学生的视野。教师和学生都转变角色，教师从原来的“主导者”转变为现在的“合作者”，学生从原来的“被动接受知识者”转变为现在的“主动收集知识者”。中国学生可以利用互联网观看或下载西方的课程。教师利用不同的学习资源可以为不同层次的学生提供更有针对性的指导，让师生之间有更多的交流，增加师生之间的联系。这不仅可以满足不同学生的学习需求，还可以

① 康巍巍. 大数据时代下的高校教师专业发展［J］. 教育与职业，2016（15）：46-47.

获得更好的学习效果[1]。

（四）教学评价和课程设计方面的机遇

首先，教师是传统英语课堂的主导者，他们在选择教学资源和设计教学课程时并不会看到学生的身影。但在大数据环境下，英语课堂中的知识不再以书本为主，而是更注重语言在实践中的应用。教师可以针对不同层次的学生为他们提供合适的教学资源，并引导学生进行积极、主动的学习。教师要把互联网的价值发挥到最大，学生要探索出一套适合自己的学习方式，使英语成为实用的工具，用来解决生活中的实际问题，而不是书本上一个个的知识点；其次，从教学评价的角度出发，总结性评价是最传统的评价方式，即最终成绩只以考试分数为准，并不重视学生的日常表现，忽视学生的学习效率、态度、出勤率和平时成绩等指标。但在这个大数据时代下，有更多的依据成了教学评价的参考。这是因为收集和分析学生在学习过程中的各项指标，会让教师的评价更加客观、公正，即由总结性评价转变为形成性评价。同时，同行、学生和督导都应该参与教师评价工作，提出自己的见解和意见。教师可以利用大数据反思自己在教学中存在的问题，并及时改正，以达到更好的教学效果。

二、英语教师专业发展面临的挑战

（一）大数据是一把双刃剑

大数据可以为师生提供更多的机遇，但同时也伴随着更多的挑战。例如，教学的方法、资源、评价和教师职能等挑战。首先，各种各样的网络资源很容易造成信息过载，师生在复杂的网络资源面前通常会失去头绪；其次，教师还需要转变自身角色并在最短的时间内适应，从主导课堂的人转变为与课堂合作的人，而只有整理好自己的心态，才能在这一转变中得心应手；再次，传统教学方法也面临着大数据时代教学模式的挑战，教师应抓住大数据的特点并与自己以往的教学方法相结合，探索出全新的教学模式；最后，英语教学目标也要接受来自大数据的挑战。

---

① 王茜，金跃强，江颖. 大数据时代高职英语教师面临的机遇与挑战［J］. 机械职业教育，2017（2）：51-55.

（二）信息资源辨别方面的挑战

各种没有经过加工的信息随着大数据时代的到来而涌现到互联网上。教师要具备筛选信息的能力，以避免在教学中使用无用的信息。因为错误的信息会为学生的学习带来阻力，而处理这些数据不仅需要教师付出更多的时间，还会加大教师工作的复杂性，因此，传统的教学只需以教材为主便可，但是在大数据背景下，需要筛选和甄别这些信息。此外，大部分教师在面对这些信息和资源时显得束手无策，这时需要一些指导和培训来帮助教师提高筛选和甄别信息的能力。

（三）教师职能转换方面的挑战

在传统课堂中，教学资源和知识由教师主导和掌握，学生是被动的接受者，无法展现出主体应有的作用。但现在，学生可以通过大数据平台获得大量学习资源，教师不再是学生获取学习资源的唯一途径，网络为他们提供了更多解决问题的方法和思路。教师不再是资源的唯一拥有者，如果教师仍旧按图索骥，使用传统的教学方式，那么将无法符合学生的要求，使学生失去对课堂学习的兴趣，从而无法积极、主动地学习。这要求教师分析不同学生的需求，了解他们的水平，从而筛选出符合学生需求的教学资源；找到学生之间存在的差异，这样才能合理地安排教学活动，才能最大限度地发挥出学生的潜能。因此，教师从原本的传授知识的人逐渐过渡成为学生收集和筛选资源的人，这是职能上的转变，可以增加学生学习的主动性，提高他们对学习的兴趣。

（四）传统教学方法面临的挑战

教师讲授是传统的语言类教学方式，学生只需认真听讲即可。但大数据的发展让师生开始青睐于远距离授课，如视频、网络课程、微信和微博等。教师怎样才能通过网络资源提高学生对学习的兴趣，以及如何在下课之后为学生提供更多的知识来让他们提高自身的语言水平，都是教师面临的挑战。口头表达是英语学科不可或缺的一种能力，听只是课堂学习的一部分，更多的是如何在实际生活中灵活运用。学生在传统课堂中并没有足够的时间进行表达和练习，但大数据的发展则改变了这一劣势，网络平台可以提供丰富多样的训练方式，时间和空间不再是教学活动的障碍，学生能够随时随地参与教学活动。教师面临的挑战还包括重新选择教学内容、安排教学课程，要用启发式教学代替原来的填鸭式教学。这些对于教师而言并不是容易的事，他们需要花费大量的时间和精力。

（五）教学评价方面的挑战

在学习过程中，学生的任何表现都可以在大数据的分析和处理下进行记录，因此，教师可以使用形成性评价来评价学生。这要求师生不要过度依赖考试，让学生认真对待平时的学习，不要抱有侥幸心理。学生应在平时的学习中有主动学习的态度，努力学习英语知识。教师也应利用大数据改进已有的教学模式，从而实现更好的教学成果。

第五章 英语教师发展实现模式

本章的主要内容是英语教师发展实现模式，主要从四个方面进行论述，分别是自主发展模式、合作制模式、课程改革模式、信息环境模式。通过本章，我们可以对英语教师发展实现模式产生更深入的认识。

第一节　自主发展模式

为将外语教学质量的影响因素进行量化，联合国教科文组织曾提出过另外一种衡量公式。在他们看来，外语教学质量 =（环境 + 教法 + 教材 + 学生）× 教师素质，环境所占的比重是 40%，教法所占的比重是 30%，教材所占的比重是 20%，学生所占的比重是 10%，而教师素质起倍数作用[①]。可见，外语教学过程中，教学手段与方法固然非常重要，但教师本身起着至关重要的作用。就外语教学质量影响因素而言，教师素质是最重要的，教师的素质越高，总体外语教学的质量便会成倍地提高。这说明教师素质的高低是决定外语教学质量高低最为关键的一个因素。在高校英语教学中，该公式也同样适用，高校英语教师素质的高低是决定高校英语教学质量高低的最关键的要素。因此，提升我国高校英语教师队伍的整体水平具有十分重大的意义。提高高校英语教师素质，最基本的要求是实现教师的自主发展，通过提高教师的教学能力，提升教师的科研能力，以及促进师生之间的关系等方式，提升教师整体素质水平。根据之前的传统，国内高校的英语教师都是根据技术型发展需要而进行培养，其培养重点落在教学

① 饶静. 大学英语教师自主发展研究的文献综述［J］. 科教文汇（上旬刊），2013（11）：28.

技巧与方法提升上面，然而，就当前教学与科研的效果而言，高校英语教师要想满足信息化与数据化教学要求，就必须进行大幅度的进修与提高，传统的技术型教师已无法跟上当今英语专业教师的发展步伐。高校英语教师实现自我转变是十分必要的，这要求其不断探索自主发展的新类型。

一、自主发展概念的提出

自主发展思想出自终身教育的理念。20 世纪 60 年代，为了满足经济社会发展的客观需求，联合国教科文组织提出了终身教育的理念，并且在其组织下进行了有力的宣传与推广。终身教育的理念认为，学习是个动态的演变过程，我们不应消极地接受教育，要积极主动地去学习，把学习贯穿人的一生中的各个阶段，学习应成为人们生活中的一部分。在教育中，教师充当着一个重要的角色，因此要促使其变成终身学习实践者、推动者与落实者，将终身学习的观念渗透到他们的整个职业生涯中去。为此，西方学者对教师终身学习进行了专门研究，教师自主发展这一概念就是在研究过程中引申出来的，教师自主发展概念的提出是有关研究中的一个重要理论成果，并且自 20 世纪 70 年代以来，围绕这一概念，西方学者开展了一系列的研究工作。

国内学者在借鉴国外有关研究的基础上，把自主发展的理念引进国内，同时在自主发展方面取得了具有国内特色的研究成果。一些学者把自主发展看作教师在其职业生涯中为顺应时代与教育改革的需要，不断地对固有的知识与理念进行转变，持续吸收多种新知识与教学新观念，增强自身教学能力与科研能力，转换自身角色的过程[①]。然后按照这个思路，英语教师自主发展可以这么理解：其是指英语教师有一种自我发展的自觉与动力，自发肩负起提高个人能力的使命，经过自身不断地学习、反思与探究，让自己的教学水平、科研能力得到不断的提高，推动自身素质迈向一个更高的水平。

① 赵明仁，丁翠萍.高校英语教师专业自主发展研究：基于自我决定理论视阈［J］. 集美大学学报（教育科学版），2011，12（4）：9-12.

自主发展概念的产生标志着高校英语教师的成长观念进行了革新，在以往，高校英语教师要想实现自我发展，主要是通过参与教育主管部门和高校组织的有关培训活动，或者是进行学历教育，发展主导权掌握在别人手里，自身处于被动地位。传统教师成长观念已无法满足高校英语教学与科研需要，这就要求有一种全新的观念来达到提高教师整体素质的目的，由此，自主发展的理念应运而生。自主发展理念对高校英语教师提出了新的要求，它要求高校英语教师积极主动地去学习新知识，探索与研究新的方法，找到自身短板，努力补齐差距与不足，主动担负起更多的责任，以提高自身的素质水平。让高校英语教师进行自主发展，对其个人素质成长具有重要的意义，它不仅展现出了教师的主体性，更是其职业道德中的一个重要组成部分。高校英语教师如果有了自主发展观念，就会更具自主性和反思性、创新性及其他教师特征，更能满足当前英语教学与研究的要求。

二、自主发展模式技术型与反思型对比分析

高校英语教师的自主发展这一概念比较宏观，有一定的抽象性。它更多地起到了对高校英语教师自我成长方向的指导作用，需要通过详细的实践方法来充实，同时还要构建一个具体的自主发展模式。基于此，技术型自主发展模式最先被提出，并在高校英语教师的自主发展模式中占有主导地位，以期对高校英语教师自主发展起到抛砖引玉的作用。当前，在国内高校英语教学理论界有一种看法成为主流，即他们认为高校英语教师正向着 ESP（English for Specific Purpose，专门用途英语）方向转变，即要突出高校英语教师专业化特征，把英语知识和专业知识结合在一起，使教师完成从语言型到技术型的转换。除此之外，它还是教师自主成长范式之一，这就需要高校英语教师更加重视专业化与技术化，以技术型教师为方向，开展自我学习，参考借鉴好的教学经验，加强理论学习交流。技术型模式作为当前高校英语教师自主发展模式中的主流，它部分满足了高校英语教师自我发展的需要。不过，该范式过于注重目的性与实用性，背离大学开放式教育与启发式教育的初衷，它在职业教育领域更为适用，而在高等教育领域，它对其良性发展产生了负面影响，也不利于其可持续发展。基于此，部分学者根据之前的技术型模式，提出了一种新的自主发展范式，

即反思型自主发展模式，该模式丰富并改良了高校英语教师自主发展的内涵。

反思型自主发展模式是指教师通过回忆对自身行为进行反思与评估，反思与评估的内容主要包括自身教学过程、取得的科研成果以及人际沟通等方面。它是对当前技术型自主发展模式进行的改良，相对于技术型模式而言，它有以下特点。

在目的上，技术型模式更加注重实用性，而反思型发展模式更注重综合性。技术性模式对高校英语教师的要求是以实用性为中心，提高自身能力；反思型发展模式则是着眼于现实需要的同时，更加注重提高教师综合素质。相较于技术型模式，反思型发展模式更加系统，也更长远。

在核心上，技术型模式的核心是教学内容，而反思型发展模式的核心是教师本身。技术性模式要求教师以教学内容为中心，开展有关自主发展的活动；反思型发展模式的观点则是，提高教师的综合素质一定会带动其教学水平的升高，教师才应处于自主发展活动的中心地位，所有的活动也应该以教师为中心进行。

在关注点上，技术型模式更加侧重于“做什么”，而反思型模式更侧重于“如何做”与“为什么做”。技术型模式下，高校英语教师需要考虑的是，要想在教学技术、科研技术等方面取得进步，应在哪些方面下功夫；而在反思型模式下，高校英语教师的目光则应放在怎样提高教师综合能力以及为什么要提高教师综合能力上，其思考问题层次更加深刻，需要教师审视与反思自己。

在时间特性上，技术型模式着眼于今后教学、科研等方面的需求，而反思型模式更加重视过去。技术型模式立足未来，对现在提出诉求；反思型模式更注重通过比较，找出以往存在的缺点与不足，同时结合今后发展目标进行自我改进并提高。两者相比较，反思型模式更关注过去、现实和未来相交融。

经过比较与分析，我们可以得出结论，反思型自主发展模式在多个方面都优于技术型自主模式，其更加具有综合优势，关注点也更加契合现实需求，对教师本身的要求也更严格，时间融合方面更强，它是对技术型发展模式的完善与发展，更加适应当前提高高校英语教师整体素质的要求。所以高校英语教师的自主发展模式有待变革，由技术型模式走向反思型模式，才能顺应时代发展的要求。

三、反思型自主发展模式对高校英语教师自主发展的启示

反思型模式相较于技术型模式而言，有其自身的一些特点与优点。反思型模式植根于目前的高校英语教学实践，在理论层面对教学实践与科研实践进行总结。要想成为一名出色的高校英语教师，需要有反思能力，能发现自身在教学与科研上存在的短板，并且对其进行及时响应，同时补足短板，除此之外，还会定期地审视与批评自身所掌握的知识与经验，以提高综合能力。模式的宗旨是为目的服务，模式旨在对高校英语教师自主发展进行引导与启示，具体地说，反思型自主发展模式给高校英语教师自主发展带来如下启示。

（一）注重综合素质的提升

如今，学生较以前有了很大的改变，其思想更加成熟，眼界更加开阔，对于新事物的接受能力更强，英语的基础也更加牢固，这些都给高校英语教师提出更高的要求，既要求教师在课堂上使用多种教学方法，使教学内容新颖，又要求教师能够很好地与学生交流互动。与此同时，各高校也纷纷改变原有的教师评价体系，进一步提高了科研水平在教师评价体系中所占的权重，目前，科研能力的高低已成为判断高校英语教师综合能力高低的一个重要标准。因此，加强教师科研能力的培养是当前高校英语教学的当务之急。以前的高校英语教师都遵循应试教学的方法，其个人自主发展的着眼点是教学知识的更新与提升，与中学英语教师的自主发展途径没有显著差异。随着学生整体素质的不断提升，以及教师评价体系的不断完善，高校英语教育对于高校英语教师提出了更高的要求，需要高校英语教师进一步反思自身教学与科研的情况，重视自身整体素质的提高，着眼于教学方法的改进，丰富教学内容，促进师生互动交流，提高自身素养质量。

（二）突出教师的主体性

我国现行的高校管理体制中，高校英语教师归高校外语学院管理，外语学院为高校英语教师的专业成长服务，组织教学交流，统一管理，学院对高校英语教师的教学内容拥有指导权，学院还决定着高校英语教师的专业发展。由于大学英语课程设置与人才培养模式以及学科特点等因素，目前，国内大多数高等学校的英语教学仍然以课堂教学为主。在这一制度下，

高校英语教师对学院的依附程度很高，因此教学与科研受学院的制约程度很高。由于学院缺乏相应的自主权，因此学院通常采用“一元化”管理模式，即根据学校的要求将教师分配给不同的院系，并由各院系自行制订教学计划，规定教学大纲和教材等。这种管理方式的结果是未能充分发挥教师的主体性，教师的自主发展靠学院策划引导。随着教育改革的不断深化，大学英语教学面临着新的挑战，传统的“以教师为中心”的管理模式已经不能适应现代高等教育的需要。在大学里，不仅学生要多样性地自主发展，高校英语教师也应多样性发展，教师有权自主选择，高校英语教师在自我教学与科研中可进行思考，谋划好自身未来的发展方向，明确其自主发展的主体性立场，避免被动，统一自主发展状态。

（三）培养自我反思能力

自我反思能力的培养主要由高校英语教师自身完成，他们考察并评价其教学活动与科研活动，认清实际情况与预期之间的差距，从而达到促进自身整体素质提高的目的。在英语教学过程中，教师的自主学习意识、创新能力以及良好的师生关系等都离不开自我反思能力的培养。自我反思能力是技术型模式向反思型模式转变过程中所需要的一种基本能力，其要求高校英语教师必须充分发挥自身主观能动性，有意识地、主动地反思自我，由此推动自我反思能力的提高。基于当前高校英语教师的教学对象比较复杂，进行教学活动时会出现很多不确定的因素，高校英语教师在教学过程中，有必要对其教学活动做阶段性的考察与规范，这样才能实现最好的教学效果。科研方面，自然科学的工具与方法被大量地运用到教学领域的研究中，西方的许多理论实践都需要我们借鉴学习，这都对高校的英语教师有了更高的要求，要求高校英语教师必须具有自我反思的能力，反思自己在进行科研活动时存在的短板与差距，寻找新途径，进行理论创新，从而增强自己的科研能力。

（四）建立合作学习群体

反思即回顾过程。进行反思时，要把过去、现在和将来结合在一起，反思并非个体行为，而是在团体的合作与扶持下进行的。因此，反思型自主学习模式并不仅仅是教师自己的自我审视与评价，还需要教师和他人相互配合，组建合作学习群体，以使教师能够进行自主发展。高校英语教师之所以要和其他英语教师组成合作学习群体，是因为在工作内容上，高校英语教师之间是最接近、最熟悉的，教师之间进行合作与学习，能够给高校英语教师提供标杆与典范，帮助其进行反思，这有利于教师的自主发展。另外，合作学习还能够让高校英语教师了解到自身在教学中存在的问题并及时改正。高校英语教师也有必要和学生构建合作学习群体，学生作为老师授课的对象，对教师授课质量的评价有决定性作用，高校英语教师有必要倾听他们的意见和建议，用以完善自身的教学活动。这对于教师自主发展来说，是一个重要的组成内容。

四、高校英语教师自主发展模式由技术型向反思型转型的路径

成功且高效的教师往往会积极地对自己事业上的大事进行反思，反思对教师自主发展具有决定性意义。在我国大学英语教学改革进程中，由于受传统教育观念和社会现实条件的制约，高校教师普遍缺乏专业反思意识与实践，导致其自我认知存在偏差。为了满足高等教育的现实需求，反思型自主发展模式被提出，这有利于改变当前高校功利性自主发展的方向，还有利于改变实用性技术型发展模式，让高等教育重新回到最初的开放、批判与协同进步共存的状态。反思型模式对高校英语教师自主发展同样具有启示意义，要求高校英语教师必须具有一定的反思能力，能重新审视自己。在反思型模式下，高校教师能够通过反思来提升自己的教学水平和科研质量。事实上，反思型模式主要体现为一个观念上的创新，它要求高校教师必须从自己开始，找到问题的根源，同时还提倡大学教育应具有包容性，倡导共同反思、一起进步。近年来，由于外部环境的变化，高校功利化的趋势日益显现，这点在英语教学上表现得更为突出，高校英语教学要想达到最初的教学目的，需要高校英语教师改变自主发展模式，也需要更多的有反思观念的高校英语教师。高校英语教师要想实现从技术型向反思型转变，可以通过以下几种途径实现。

（一）行为反思

行为反思指的是高校英语教师对其行为作出阶段性的反思与评价。在日常教学活动中，高校英语教师可以使用自己的肢体和语言对学生进行授课，尽管如今多媒体教学已经成了一种辅助手段，减轻了高校英语教师在行为表达方面的压力，但教师的每一个动作仍对教学效果产生影响。所以说教师的行为是非常必要的，它可以让学生更好地学习知识、培养能力。

教师是一种具体职业，教师的言行举止会直接影响学生，对于学生学习的效果与成果都有着显著的影响，因此，在职业行为方面对教师有严格要求。高校英语教师在教学过程中，应该经常反思自身行为，通过和其他教师进行比较，发现自身行为中不够规范、不够严格的地方，并督促自己进行改进。行为反思以对教学行为进行反思为主，可采用设备记录、他人旁听等形式，这些手段可以使高校英语老师更好地掌握自身的行为特征。首先，高校英语教师可利用摄影设备对授课过程进行全程记录，课后通过看回放对自己的行为进行比较和分析；其次，高校英语教师可邀请优秀同行对其授课过程进行旁听，从而记录自身行为方面的有待改进的地方。行为反思并限定在课堂上的行为，课外行为同样需要引起高校英语教师的重视，教师在日常生活和工作中，都要做到为人师表，时刻注意自身的举止行为，做学生行为学习的榜样。

（二）语言反思

在高校英语教学中，行为与语言是两种重要表达手段，行为反映了一个高校英语教师所具备的素质，而语言反映了一个高校英语教师专业水平的高低。英语教学属于语言课程的范畴，在语言课程中，首先要求授课教师发音要准确，授课教师的发音是否准确，直接代表了教师专业口语水平的高低。尤其是那些向低年级学生授课的教师，其在教学过程中的发音很有可能就是学生学习的标准，这对学生后期的语言学习有着直接影响。所以说，语音是高校英语教学中非常重要的一项内容。而英语教学又是重视语言表达的一门课程，教师发音抑扬顿挫，对教学效果会产生不一样的影响。如果一个教师没有正确的发音习惯，那么他所讲的内容就无法得到学生们的认可。所以高校英语教师一方面要发现自身行为上存在的缺陷；另一方面还要反复地修正、考察自己的语音。高校英语教师应借助行为反思，通过记录、接受同行教师的指正、使用发音纠正软件以及其他方法来反思自我，及时发现自身在发音教学中的问题，并谋求个人进步。

（三）资源反思

资源反思是指高校英语教师反思自己所使用的 PPT（演示文稿）、教案和科研成果等教学资源。教学内容在整个教学过程中处于中心地位，而确定教学内容的则是教师所使用的 PPT 与教案。目前，很多高校的英语教师教学所使用的 PPT 已经沿用了很多年，一份教案也在多届学生中实施，教学内容久未更新，教学质量对于学生的学习需要而言十分落后。高校英语教师应定期重新审阅教学所用的PPT及教案，结合实际需要增加或者删减部分内容，同时还应该重视教学中的一些隐性资源的利用与开发。除教学外，高校英语教师对科研资源的反思同样重要。高校英语教师既是授课教师，同时还是科研工作者，肩负着创造知识与积累知识的使命。因此，高校英语教师要对其科研成果（如课题报告、论文等）加以审读与检验，按照所处时期的观念对以往科研成果进行再研究，研究时要带有批判性。研究是否能够创新取决于是否否定，唯有不断否定，才可以促使知识更新，促进研究进步，这也适用于高校英语科研，高校英语教师要想提高科研水平，就必须不断地否定当前的科研成果，并对其进行批判性的反思。

（四）合作反思

自主发展并非个体仅凭自己就可以完成，而是需要他人进行协助配合。合作反思的方式主要有三种：合作教学，合作科研以及反思性对话。合作教学是指不同院校的英语教师采用交叉教学法，进行联合授课或者交叉授课，从而在教学效果上找到双方在教学过程中的长处与不足。合作科研是由不同院校的英语教师合作完成某一科研项目，以分工协作的方式，刺激创新的发生，使其发现自身科研中的思维盲区。反思性对话则是教师与教师或教师与学生之间关于教学与科研的感受与经验展开对话，以正式和非正式的方式，通过经验交流来对彼此教学与科研进行比较分析，以找出各自亟待改进和提高的地方。合作对于自我发展具有重要的辅助作用，自我发展并不仅限于个人，它还需高校英语教师与其他高校教师、学生乃至教育管理者之间的对话与合作，以寻求双方共同提高、共同发展。

反思型自主发展模式是最近几年我国学者提出的一种发展模式，并且，将其和技术型自主发展模式进行比较，我们发现它更能满足高校英语教师自主发展的需要，它可以而且应当作为高校英语教师自主发展在理论与行为上的指南。自主发展是个动态过程，每一位高校英语教师在实际能力与水平上都存在着差异，所以他们对自主发展也有不同的需要，但反思能力应成为每一个高校英语教师所应具有的一种能力，反思可以帮助教师找到自身的不足与缺陷，使其可以对自身进行及时修改与调整，从而达到自我发展的目的。自主发展模式由技术型到反思型的转变不是短期就能实现的，而是需要经历很长一段时间，并且这需要高校英语教师、教育主管部门与学校三方配合，共同实现。只有这样，反思型自主发展模式与理念才能够在高校英语教师中得到普遍推广，才可以达到提高高校英语教师综合能力的目的。

第二节　合作制模式

一、校本合作模式

合作模式是在外在保障制度的基础上提出来的，其中院校协作是其主要形式。就高校而言，其实践目标、观念系统等都存在着明显不同，不过，合作模式并非强制要求高校和个人，而是尝试以合作方式进行，期待用一些更规范化的、理性化的途径，从真正意义上提高英语教师的教学水平，从外在形式上规范与管理合作关系，保证院校的合作效果，由此推动教师的长足发展。

该模式实施时遵循以下基本理念。

首先，英语教师的专业发展不只是学校内部的事，它需要对教育进行全面的革新，用系统思维与全局观念进行设计与规划。

其次，要实现英语教师发展需构建自然且开放的生态场景。

体制是影响教师专业发展的主要外部环境，教师专业发展主要靠体制性因素。制度的合理性对教师的专业发展起着决定性作用，制度不合理会阻碍教师专业发展。目前，各学校在制度安排上有诸多不合理的地方，比如英语教师录用和晋升制度，英语教师的课程安排与考核制度，等等，这些都是其专业发展道路上的绊脚石。为了充分发挥英语教师的主导作用，增强教师的自主意识和责任感，应该废除其管理中纵向的权威科层制，让他们在开展日常工作的时候，免于校内外其他权威的约束与管制。在管理方面，管理部门应积极为英语教师的专业发展创造良好氛围，健全教师评价制度，采用真正有效的方式促进英语教师专业化发展。

在同一区域内进行合作交流不仅节约了成本，还节约了时间，同时，区域内的院校协作还能实现资源的整合与共享。它有以下几种协作方法。

（1）邀请校外英语专家为全区域或某个学校开展英语教学专题讲座，拓宽英语教师教学视野，提升其理论水平，使更多的英语教师能够知道英语学科前沿知识，把握英语发展趋势，开阔英语学科视野。

（2）组织本校英语教师赴有关企事业单位进行锻炼和实习，掌握行业发展动态。

（3）院校之间可联合编制英语教材。

（4）建立专门的英语教学组织，该组织要经常举办学术沙龙活动，让不同高校的英语教师经常交流教学经验，以推动英语教师专业发展，提升英语教学质量。对于英语教师而言，其应该积极成为英语教育组织的成员，通过出席学术会议及有关活动，加速其向着专业化发展。当前国内与英语相关的专业组织有“中国教育学会外语教学专业委员会”“中国英语教学研究会”等。除此之外，华东师范大学外国语言研究中心专门推出的“青年学者培养计划”，为高校英语教师提供了不错的技术平台与学术支持，对于高校英语专业教师科研能力的提升很有帮助。

合作模式的实施不单在组织层面（院校机构相互协调）有所展现，在实践个体之间的关系上（分属于不同制度文化的英语教师之间的协作）更要注意贯彻落实。一是明确高校内具体指导者角色划分，让他们各司其职、人尽其事，高校要进一步审视自我；英语专业指导教师正在推动教育政策的改革，要将英语教师发展和学校改进方面的目标、角色和义务及完成的任务相结合，等等。二是合作关系需要人与人之间的协作和互相尊重，双方以相互联系的方式构成了一个整体；根据分工的差异、优势互补原则，需要双方互利互惠，民主参与教育决策。在这一共同合作的进程中，双方都在不停地反思和自我调整。

二、同伴观摩模式

所谓“同伴观摩”指的是用坦诚、关注的心态旁听其他教师的课程，以专业发展（而非监督与评估）为宗旨，观察并聆听课堂情境的行为。同伴观摩要求教师之间要确定自己教学的哪些方面是值得考察和学习的，再确定一个观摩的方法，互相观察，最后对观摩结果进行探讨。这说明同伴观摩与同行教师之间那种互相学习、一起实现专业进步的互听课的各方面都非常相似。

根据前文关于同伴观摩的定义，我们能够看出同伴观摩很好地展现了教师专业发展的优良特征。它跟教师本身需求有关，同伴观摩能够引起教师对自身行为进行反思，需要教师之间协作完成。另外，传统的监督性听课与评估性听课等会造成教师的反感，而同伴观摩不仅不存在这种消极效果，还有利于观摩教师与上课教师共同发展。经过分析研究，同伴观摩有如下功能。

（1）同伴观摩可推动观摩双方进行自我反思

反思是现阶段英语教师专业化发展的一种主要途径。它能够让思维与实践不断地进步，并最终实现专业的发展。同伴观摩是英语教学反思的一个很好的契机，在英语教师同伴观摩过程中，双方在确定课堂观摩内容与方式的时候，就要对自己的教学方面进行反思，而观摩之后进入研讨阶段，观摩双方也要对整个课堂活动的实践过程进行反思。这一共同思考构成了双方自我改进与提升的动力。

（2）同伴观摩可规避监督性与评估性观摩带来的消极作用

就监督性与评估性观摩而言，一般情况下，督导们都会评估英语教师的课堂教学情况，然后进行引导或者批判。这种听课因具有主观性、规定性和评价性等特点，极有可能被教师们所抵触。

而同伴观摩与之不同，它是发生在双方身份较相近的同事之间，这使观摩双方更易进行思想交流、经验分享以及教学反思，以此共同进步，实现自身专业发展。

（3）同伴观摩可以让观摩双方都能从中获益

同伴观摩要求英语教师双方互相支持与协作，因此对观摩双方均有益处。观摩者能够观察到课堂互动的进展程度，条理清晰地观察英语教师运用各种教学策略的手段、时机与成效，把别人的实践过程中好的经验进行消化吸收，做到理论与实践相结合。被观摩教师能够深入地分析课堂行为产生的原因，针对某一环节（如提问技巧）进行探究，同时创新教学方法并进行测试，在非评判性环境下探讨自身教学问题。

同伴观摩所具有的以上特征与优势，为它成为英语教师专业化成长的一种途径打下理论基础。在进行同伴观摩时，应坚持以下原则。

（1）观摩要有侧重点。课堂教学行为具有复杂性，每一方面都考虑到的概率很低，因此进行重点观摩要比进行笼统评价具有更大的针对性。

（2）观摩者在观摩时，要按照观摩侧重点，选择合适的方法与工具进行观摩。通常使用的工具是核对清单、速记笔记与录像/录音设备等等。

（3）观摩者要作为旁观者，而非作为参与者置身所观摩的课堂活动，这样才能保证观摩准确、有效。

同伴观摩可以在同一年级的英语教师之间展开，也可以在不同年级的英语教师之间进行，在具体操作上是一样的，通常情况下可以分五步走，具体如下。

第一步：观摩前，双方先进行探讨，熟悉实际观察背景，例如，课程的性质，课程所使用的教材、教学方法以及教学的对象，等等，以达到较好的观摩效果。

第二步：明确观摩重点，如课程组织、教师时间的把控、学生课堂表现及教学互动等。

第三步：明确观摩记录方式，例如，观摩者隔三岔五地将特定教学进程记录下来，或者从核对清单中勾勒出特定教学行为，或者直接写一篇教学进程总结报告。

第四步：进行观摩。

第五步：在观摩结束后进行研讨。课程结束后，观摩双方展开讨论并给予反馈。

上述五步都很重要。在具体实施阶段，有一点需要英语教师尤为注意，即第五步不可略去，因为这直接给了教师交换意见的机会，是教师之间进行经验交流，一起思考的契机，充分展示出同伴观摩价值。在进行最后的研讨阶段时，教师要适当关注反馈的时机和技巧，就所选择的反馈时机而言，既不能太匆忙，也别太延后，避免出现因思考不全面或者因记忆消退而失了公正；就反馈技巧而言，反馈应清晰明确，可以使对方进行反思，同时，因为反馈发生于同事之间，在措辞与表达方面，应力求婉转柔和。反馈活动若可以在走廊、休息室等教室外的场所开展，这样教师会觉得相对放松，更易直抒胸臆，表达自己的想法。

三、合作学习模式

（一）英语教师之间的合作学习

教学准备阶段，英语教师可在多方面进行协同，例如，一起设计课程，一起进行教学软件的研制，交流探讨教学方法与教学模式的改革，进行集体备课，相互之间进行听课与评课，交换意见与交流经验，探讨疑难问题，等等；教育教研阶段，英语教师可以通过开展合作教研活动，或是通过师徒教育等途径，共同对教学实践过程中所碰到的一些问题进行讨论，一起研究全新的教育理念和观念，例如，运用课题研究方式开展“校本教研”，也就是教师根据自身的教学工作，确定教育科研课题，在课题的设计和研究上，开展合作学习，加快教师教学与科研水平提升。英语教师在进行合作学习时，可以采用如下几种方式。

（1）系部按期举行全体教师大会，以传达与教育相关的新思想和新理念；探讨系部专业的发展方向，按照人才市场需求，联合制订教学计划和教学大纲。

（2）定期开展英语教师公开课，包括资历较深的教师的示范课程，还有新入行教师的亮相课。资历较深的教师在长期的工作时间中会积累大量宝贵经验，其本身的课堂驾驭能力很强；而新入行的教师在思维上会更加活跃，他们敢于创新，善于使用网络及多媒体设备进行教育，开展英语教师公开课可以使新老教师之间相互观摩与学习，有利于其一起进步。

（3）每周开展教研室活动，让同一年级的授课教师，或者同一课程的授课教师有机会坐在一起，共同探讨某一学期的教学计划、教学过程中的重点与难点、教学方法以及学生在教学中的反应。经过探讨，教师们各自发表自己的看法，共同破解教学突出难题，同时进行集体备课，这样不仅降低了个人劳动强度，还可以实现知识共享。

（4）充分利用校园网络，进行英语教师之间的合作学习。合作学习的实质就是取长补短、资源共享，这是网络作为一种互动性学习环境最为普遍的特性。英语教师要想在英语教学中达到教学目的，推动自身专业发展，就一定要熟练运用网络这一便捷的合作学习方式，广泛地进行合作学习，除此之外，英语教师还可以发挥其在专业方面的优势，在网上查阅有关外文资料，推动教学改革和科研能力的培养。

（二）英语教师与专业教师之间的合作学习

作为一名英语教师，特别是一名专业英语教师，不仅要具备专业的英语知识、英语语言技能与教学能力，还应拥有与自然科学相关的专业知识与应用能力。若想培养出既掌握理论知识，又具备实践能力的高素质人才，英语教师在教学过程中，一定要加强自身综合学科知识的培养，例如，请本校兄弟院系的资深教师进行有关跨学科的报告及演讲，改革传统英语教学模式，转变传统英语教学观念，运用现代高科技平台，借助信息技术，摒弃之前英语教师仅仅教授英语不传授其他学科知识、其他学科教师传授知识时不使用英语的习惯。而要想实现上述目标，要求英语教师与专业教师协同进步。

在高校中，教育的培养目标以及教育教学活动的开展都以培养实用型人才为中心。语言教师不但要拥有良好的语言素质、过硬的教学理论和优秀的科研能力，还要学习并了解有关专业的实用业务知识。这就要求高校英语教师所开展的教学与科研工作都要与学校所涉专业紧密相连。就高校英语教学而言，英语教师的作用主要为传授专业的英语知识，以商务英语教学为例，教师在教学过程中，不仅要传授有关商务英语知识，同时也要熟悉公司商务交往的信函和单证、谈判和其他具体操作过程，让学生在今后的业务交往中学会沟通。所以，专业英语教学需要英语教师和专业教师主动开展合作学习，共同完成教学任务。目前，国外已经有不少学者意识到了开展合作教学的必要性，并就其可行性和具体操作方法已经做过研究，按照国外一些学者的观点，通常情况下，学生碰到的难题并不在于单纯的专业知识不足，也不在于单纯的英语技能欠缺，而是不能将这两者有机地融合在一起，达到融会贯通。所以，教学中英语技能的培养与专业知识的传授密不可分。英语教师掌握的专业知识一般都比较少，这需要专业教师的协助，以处理一些专业内容知识方面的难题，因此需要加强英语教师和专业教师之间的沟通和配合，这一配合要体现在需求分析至课程评估等教学全过程。目前，国内高校英语教学改革正在进行之中，许多学校开始尝试用合作学习的方式开展英语教育工作。这一合作模式可以是长期且固定的，双方教师联合制订教学计划、编制教学教材、探索并总结出一套适用于专业英语学习者的方案；双方合作还可以以一种短期的、灵活的模式展开，专业教师可以在必要的时候担任顾问，这有助于英语教师突破某些专业知识上的难点。

（三）师生合作

英语教师需要转变传统的“师道尊严”思想，重新定位自己的角色。英语教师要站在平等的位置，以一种包容的心态去对待学生，理解学生的所思所想。学习氛围的民主与和谐，有利于教师从学生身上获得启迪与感悟，而这是从其他的教师那无法学习到的。因此，“师生合作”对于英语教师专业素养的不断充实和提高有着重大意义，对英语教师专业成长的促进作用同样不容忽视。

总而言之，教育的革新要有高素质教师作保障，英语教师专业发展可以为造就高素质教师、培养高能力学生提供强大支撑。

四、校本自主督导模式

对于教育学来说，督导（supervision）通常是指为改善教师课堂教学行为所给予的意见或协助。督导这个词有两种含义：一种代表一个角色名称；另一种代表一个指导过程，它的目的是改进教学。

很大一部分学者认为，在一定程度上，与把督导看作一种角色相比，将其作为一个过程更有意义。在校本自主督导（School-based Autonomous Supervision）模式中，督导即指导教师改进教学的过程，而不是由督导官员与学校行政人员进行的官方行为。

进行督导检查时，除了督学与学校行政人员之外，学校的每位教职员工都肩负着督导的职责，每位成员都能够对其他成员提出建议或意见，并对其进行指导。因此，督导活动就变成了校长与部门领导、教师三方一起完成的活动，当然，这样的活动需要建立在成员之间互相信任与互相理解的基础之上。进行督导时，成员之间可以做到经验与技能分享、信息共享以及思想交流、互相帮助的同时交流看法与意见。

自主（autonomy）具有三种基本意义：首先是自我设计（self-planning），即学校结合自身实际情况，设计出相应方案，而不用屈服于外界压力；其次是自我实现（self-implementing），也就是凭借自己的力量达到之前设置好的目的，同时激发出自身最大的潜能；最后是自我评价（self-evaluation），即自我负责（self-responsibility），自己评价自身行为，判断它实现的水平，成功与否皆由自身负责。

校本（school-based）出自校本管理（school-based management），其内容涵盖课程设置，学校层级自治，分享决定，等等。校本管理指的是把学校的一切事务里的原本由上级单位或人员抉择的事项、权责下放给学校，由行政人员和教师，甚至是家长和学生一起经营。校本管理具有自主性、合作性和民主性等特点。所以校本是在学校层面上作为基准与范围进行操作，使其能符合本校实际情况。简单来说，校本是指以校为本，同时注重自主、协作和共享。

按照上述说法，校本自主督导可理解为一个由学校职员共同参与，以改进学校教育实践为目的而进行的自主与合作的指导过程。这个过程包含以下几个显著特点：一是以学校为中心，二是自我管理，三是合作，四是多样化，五是连续，六是自我发展。下面进行一一说明。

（1）以学校为中心

学校被视为主体，而非客体。传统意义上的督导的实施主体是行政官员，学校只能被动接受，缺乏应有的自主权。但在校本自主督导模式下，学校特有的组织文化与社会心理环境得到了充分尊重。因此，需要督导计划以学校独特的场景为核心来进行设计与执行，以使督导在针对性和实效性上得到保障。

（2）自我管理

充分尊重学校英语教师开展自主性活动，鼓励英语教师进行自我设计，开展督导活动，并使其不受外部干扰；当然，还需要英语教师为其督导活动承担全部责任。教师普遍接受过专门的培训，具备自我管理的能力，以校本自主督导的方式，可以逐步强化其对专业发展的认识。

（3）合作

校本自主督导是在英语教师的协作下完成的，如果确有所需，也可积极获取校外力量的帮助与协作，可以是行政官员与社区的相关人员，也可以是家长，抑或大学专家，等等。校本自主督导成功的一个重要条件是学校教师之间的协作，所以要有针对性地培养学校内的协作氛围。并且，该模式最有意义的成果之一便是合作。

（4）多样化

在校本自主督导模式下，教师的多种需求受到足够的尊重。按照学校类型、学校的地理位置、人际关系以及学校的客观环境等的差异，选择与之适应的督导范围、督导内容以及督导方式。英语教师的需求会根据其所处发展阶段的不同而变化，因此，教师在教龄、年龄、教学方法和教学特征等方面都会有所不同，这些都要获得尊重。

（5）连续

督导应是一个具有连续性和长期性特点的过程而非一次性短期行为。从本质上讲，教育本身就是一个连续且长期的过程。在其职业生涯过程中，英语教师都应该为了推动自己的专业发展而不断奋斗。

（6）自我发展

校本自主督导谋求对学校的全面改良，还谋求学校职员自身的发展。这能使英语教师获益的同时，也让其他学科的教师及行政人员从中获益。通过与教师进行互动，督导者能从中得到某些有益的启示与理念，然后作用于自身，让自己有所成长。从这个意义上说，这种督导是一种双赢。

在校本自主督导模式中，尽管上述六个特征都发挥着不小的作用，但其所拥有的地位不相同。“自我管理”与“以学校为中心”最为重要，是校本自主督导模式的核心，它们的概念密不可分；“合作”是该模式的根本，该模式是基于合作进行的；“多样化”与“连续”作为该模式的内容、方法与过程，可以看作合作的左右两翼；而“自我发展”则是该模式的终极目标。

教师的专业发展、教师的个人发展以及学校组织的发展共同组成了校本自主督导模式的内容。教师的专业发展处于校本自主督导最基础的位置，其以教师的稳定、成熟与教学技能的发展为核心。教师个人发展的核心除了与教师专业发展核心相近的稳定与满足之外，还包括教师在身心、情感、家庭与社会生活等方面的提升。而学校组织发展则是以提升教职员工生活质量，达成学校组织目标，改善学校组织氛围等为核心。

在督导方式的选择上，教师具有决定权。常规的督导模式下，全体英语教师都按照相同的标准处理，但是在校本自主督导模式下，英语教师的不同需求获得了足够重视。英语教师可以结合自身情况，在多种督导方式中，挑选最适合的督导方式。具体工作策略包括以下几个方面。

（1）教学督导

教学督导就是督导者和被督导者之间面对面地进行的一种全面的、有计划有目的的、提出意见与提供帮助的活动，目的是协助被督导者改进教学技巧。就教学督导而言，诊断性督导的应用最为广泛。除此之外，还有几种督导技术也常用于学校自主督导模式中，如微格教学技术，向新教师提供专门咨询活动，开展校长或者副校长所建议的教学活动等。教学督导的对象主要是新入职的教师、缺乏经验的教师和教学中存在问题的教师。

（2）同伴督导

同伴督导指教师同伴为提高其英语教学实践水平所开展的协作过程。可以采用课堂观察与教学、专题讨论与研究、兴趣分享等方式开展同伴督导，这些方式都是行之有效的。

（3）自我督导

自我督导属于一个个体行动的过程，在这个过程中，英语教师自行制订专业发展计划，并且独立实施完成。自我督导的含义就是个体在自我指导下通过努力获得专业发展。英语教师通过自主地工作，以获取有用知识、技能和信息、思想、经验、支持和意见，进而促进其专业发展。自我督导主要包括以下两个方面：一是对自己的教学实践（录像或录音）进行自我剖析，对照评估表自评教育活动，学生依据评估表评估英语教师教学活动，开展自我指导下英语教师专业化发展的行动研究，阅读并分析专业杂志及研究报告，通过上研究生课程来提升自身专业水准；二是与专业机构专家沟通，对有关教育机构进行实地考察，参与有关英语专业发展的研讨会、座谈会和讲座等，收看英语教师发展节目和远程教学。

（4）常规督导

常规督导即由校长、副校长或者系部主任担任督导者，对英语教师教学活动及课堂管理行为进行观察，再向教师提出意见或建议，并提供支持的过程。在某种程度上，常规督导等同于“行政监督”。无论英语教师最终选定何种督导方式，常规督导都是必然存在的。

（5）校本在职教育

校本在职教育是学校根据自身组织环境与教职工需求而设计并实施的一种教师发展计划。这一过程强调的是将知识、技能、信息、思想、经验、支持、意见等内容互通有无。校本在职教育具有开放性、发展性、合作化等特点，它能使每个人都得到充分发展。校本在职教育以推动教师资源充分利用为核心。

校本自主督导模式运行程序总体上可分为以下四个基本环节。

（1）情境

情境环节的主要任务是分析英语教师目前的需要和问题，找出教师的优势和劣势。这一分析可由学校来进行，也可由英语教师独立完成。所需分析的内容较多，具体包括英语教师现状及需求的分析，学校的现有资源分析，英语教师需求和学校可利用资源的冲突分析。在进行分析时，应对教师的意愿给予足够的尊重，思考其真正的需求，当然，这些需求必须建立在学校现有资源的基础之上。

（2）计划

计划环节分为学校的整体计划环节与英语教师个体发展计划环节。学校整体计划的制订应具有发展性和前瞻性，切勿急功近利。英语教师个体发展计划的制订要从自身情况出发，具有个人特色的同时应尽可能地全面。计划内容包括发展目标、发展内容、所采用的战略和方式、活动建议与最终评价等几部分。

（3）实施

通常应严格执行计划，不可以任意更改计划内容。同时还要注意时间方面的安排和工作方法方面的选择。当然，计划并非固定不变，也可结合具体情况对计划加以微调，但是，调整须有足够的理由做支撑，同时需要获得学校的同意。在执行过程中，对于出现的各种不同情况要进行随时记录，同时作出相应的简单分析和总结，用以推动督导持续优化。

（4）评价

按照有关评价指标，对每项活动进行评价，对活动过程中的成功经验和失败教训进行总结，并有目的地提出与之相对的改善措施。无论何种评价，均应将评估结果及时向当事人反馈，并对其提出建设性建议。有一基本原则要时刻铭记——评价的目的是发展。

上述内容是对校本自主督导模式的三项内容、五种操作策略以及四个操作程序的介绍，它们构成了校本自主督导模式的操作模型，不过它们不一定都会同时出现于现实之中，而且它们的呈现方式和出现的时间也不完全相同，因此要按照具体情况对它们进行灵活运用。这种模式在运用过程中不能生搬硬套，而是应该结合学校及英语教师的实际情况，进行条件性的筛选或转化。另外在应用该模型时，必须创造与之相适应的操作环境，在英语教师心理、学校体制等方面给予扶持；同时也要进一步提升英语教师有关的知识与技能，使其形成实践—理论—实践的良性循环。

第三节　课程改革模式

就合格的英语教师所应具备的素质而言，离不开英语语言知识（包括使用英语的能力）和教学能力两个方面，二者缺一不可。英语教师的语言能力主要是指过硬的听、说、读、写、译的综合运用能力和跨文化交际能力。英语教师的工作特点是“言传身教”，其语言能力的作用渗透在语言教学实践活动中，对学生的语言学习有着直接的影响。那么，在课程改革的模式下，可通过以下途径促进英语教师专业发展。

一、课程行动研究

在传统的研究视阈中，课程领域的研究工作被专家学者垄断，英语教师是外语界专家学者观点的执行者，忠实地实施专家学者开发的课程产品。而课程行动研究是教师在实际课程教学情境中为改进课程实践、提高教学质量而进行的研究行动，它具有实践性、参与性、解释性、试验性和批判性等特征，在方法上主要采用自省的计划、实施、观察和再思考这一螺旋循环方式。课程行动研究致力于对实践情境的理解与解释，体现了一种从实践到解释的研究范式，它不仅彰显了教师在课程改革中的探究角色，拓展了教师的专业职能，而且使“书斋式”课程研究向实践层面转移，为英语课程理论与实践的整合提供了可能，英语教师在这一过程中也得到了锻炼与发展。

二、校本课程开发

校本课程是以学校为基地开发的课程形态，是与国家课程相对而言的。国家课程由政府组建专门机构，在学校之外的场所进行开发；校本课程的开发则发生在学校，发生在具体的学校情境中。校本课程的本质体现在三个方面：在学校权力上，学校拥有课程自主权；在课程开发主体方面，教师是课程开发的主体；在课程开发场所方面，学校是课程开发的场所。在校本课程开发过程中，校长和相关教师组成课程小组，共同完成课程开发的任务，教师拥有了课程开发的权力并承担相应的责任。为了完成校本课程开发，英语教师必然要学习相关的英语课程知识和课程开发的技能，增强对课程的责任感并提高团队意识。校本课程开发对教师来说是一个民主参与、权责分享的过程，它充满挑战，带给教师成就感和满足感，因此也是教师实现自我发展的过程。

三、教学实验研究

课程与教学是内在统一的，课程实施内在地包含着教学，教学是课程实施的主要途径。任何课程改革最终必然落实到学校，落实到教学层面。学校如果能够以此为契机，开展课程与教学同步改革实验，就可以更新教师的课程与教学观念，改善其专业职能结构，从而促进教师的专业发展。在英语课程改革前，英语教师已经在教学实践中逐渐建构了自己的课程与教学观念，形成了独特的教学技能，它们服务于原有的课程与教学，在原有的课程与教学中可能也卓有成效。但是，课程改革对原有的课程与教学提出了根本性的变革，在价值观层面表现为方向性调整，教师原有的课程与教学观念、教学技能已经不能适应课程改革，必须做出相应调整才能适应新的课程价值理念。学校开展课程与教学同步改革实验，使每位教师有机会拓展知识面，更新教育教学观念，培养合作精神和团队意识，形成看待教育问题的新视角，从而不断推动教师的专业发展。

第四节　信息环境模式

一、网络与英语教师专业发展

随着计算机技术、网络技术、多媒体技术为代表的信息技术的发展，知识的生产、传播和应用以全新的方式进行，教师教育和学生学习知识的渠道多元化给传统英语教学注入活力的同时，对英语教师提出了更高的要求。网络的发展与现代教育技术的运用，为教师的专业化成长提供了一个崭新的平台和新的契机。

（一）网络为教师提供丰富的学习和教学资源

互联网具有极丰富的信息资源，正逐步成为知识和信息的重要来源。随着社会的发展和科学的进步，教师的知识结构、教学理念、教学模式以及教师在教学中的角色都发生了很多变化，新知识、新事物不断涌现，唯有不断学习才能保持知识结构的鲜活，与时俱进。英语教师的专业发展本质上是教师个体成长的历程，是教师不断接受新知识和增长专业技能的过程。网络为英语教师提供了一个丰富的资源平台，可以不受时间或地点的限制自由选择学习内容和学习方式，吸收新知识，更新自己的知识结构。英语教师可通过互联网上的电子杂志、国外知名应用语言学期刊等刊物刊发的学术论文，了解最新的学术信息和科研动态。大量的英语博客是教师更新知识、提高能力的资源。网络还为英语教师提供了丰富的教学资源，借助百度、谷歌等网络搜索引擎可以迅速找到与教学内容相关的背景知识、课件、图片和视频等素材，大大提高了备课的质量和效率。利用网络收看或收听名家或优秀教师的英语课堂和报告视频，可实现教学经验的共享，使教师通过对比与学习促进自身发展。

与国外大学相比，国内大学的图书资源十分有限。在网上建立共享的资料库和外语教师论坛，可使全国的英语教师互通信息，通过提供相关配套专业的网络课程，为教师提供一个在线学习环境。全国的教师通过在线访问配套的网络课程，既可直接获得丰富的本地资源，又可利用“友情链接”快速简捷地获得适宜的远程教育资源。

（二）网络有助于教师进行教学反思

教学反思是教师在教学过程中，将自我和整个教学活动本身作为意识的对象，不断地对自我及教学进行积极、主动的计划、检查、评价、反馈控制和调节的过程。过去，教师被当作“传播”知识的技术工具，其主观能动性被人们忽视。近二三十年来，教师作为具有反思能力的意义建构者的角色已经逐渐地被教育界所认识。实践证明，优秀的教师必须在教学中通过自身的反思来提升能力。教师反思不仅有助于教师经验的积累和能力的发展，也能有效地促进教师教育理论与实践的融合，对于教师改善教学、提高教学质量和专业发展水平大有裨益。网络的发展丰富了教学反思的方式。当前，网络教学作为现代化的交流工具，以其自由、开放、活跃、交互迅速便捷等特点，迅速流行开来。英语教师利用这种新兴的互联网交流工具，将自己日常的生活感悟、教学心得、教案设计、课堂实录、研究成果课件等以网络日志的形式在网络上发布，能够以此形成良好的反思习惯，并在反思过程中不断调整自己的教学方法，促使自己在专业化道路上快速成长。

（三）网络为英语教师进行科学研究提供了平台

专业化教师除应具有教学能力、组织管理能力、决策能力、交往能力，还必须具备相应的教育科学研究能力，从而推动教育教学的深入发展。科研能力已经成为现代教育对高校英语教师的基本要求。网络的开放性可以使英语教师很便捷地随时获取网上大量的有价值、有意义的教学信息和教育资源以及学科前沿的发展动态，获得最鲜活的思想和知识。专家与教师、教师与教师之间的互动、研讨、学习，将英语教师与周围的群体结合起来形成学习型组织，实现相互交流和智慧共享。英语教师在交流和分享中可以开阔视野，丰富研究思路，提高自身的教学水平和科研能力，不断促进自身的成长和专业发展。

（四）网上合作备课

英语教师围绕课程教学计划，把个人的电子课件传到网上，大家可以在网上展开集体讨论，进行评价。备课教师可吸纳、整合大家的意见，修改和完善原有的教学构想和课件，然后再次上传到网站。教师在实际课堂教学时，还可根据自己的教学风格和具体的教学情境对教案、电子课件再次进行个性化设计。这种没有时间与空间约束的网上合作备课可以避免传统备课方式的弊端，把教师封闭孤立的个人备课行为转变为互动共享的群体协作备课行为。这种备课方式使教师的智慧资源得到共享，教学个性得到培养，教学差异得到互补。

二、信息技术与英语教师专业发展

（一）校本教师教育信息化体系

目前我国各级学校基本已经有了教师教育信息化的雏形，纷纷利用校园网，通过钉钉群、微信群、QQ 群、手机内部网络，建立三级教师教育信息化体系：学校、学科、学习小组。

以学校为单位的校本培训相对独立。学校之间可以通过全国教师教育网络联盟（简称为教师网联）或其他形式联合起来，开展教师教育活动；而在学校内部，以学科教学为单位组建相应的教师教育共同体，各学科单位之间可以相互交流。学科单位内部的成员也可以建立紧密的伙伴关系，形成学习小组，他们联系最为紧密，经常在一起进行校本研讨，形成师徒制关系。各类成员组成员之间的关系，由紧到疏依次是：学习小组成员、学科单位成员、学校单位成员。

理论研究、过程实施、校本共同体三级体系从逻辑上体现了教师教育的过程，信息化教师教育过程也就自然从这三级体系中折射出来了。但信息化特征需要落实在具体的手段、方法和联系方式上。目前最受关注的便是全国教师教育网络联盟。教师网联还将构建以高水平大学为先导，以师范院校和其他举办教师教育的高等学校为办学主体，以区域教师学习与资源中心为服务支撑，社会力量积极参与，联合协作，优势互补，职前职后教育一体化，教师教育系统、卫星电视网与计算机互联网相互融通，系统集成，学校教育与现代远程教育等多种教育形式相结合，学历教育和非学历教育相沟通，共建共享优质教育资源，覆盖全国城乡的教师教育网络体系，从而实现教师教育的创新、集成和跨越式发展，为教师素质的不断提高和终身学习提供服务与支持。

（二）学习技术，提高信息化教学能力

将信息技术与教学理念整合应用的信息化教学能力，是体现信息时代新型教师独特性的核心专业素养。利用现代技术改变教学方法是历史潮流，是教师专业发展的必然趋势。所以教师需要与时俱进，对新技术、新工具、新方法持开放接纳、尝试融合的态度，自觉主动地掌握现代教育技术，使教学更加轻松高效。

（三）多媒体技术模式

多媒体教学为英语教师提供了多种教学方式的同时，也为语言教学研究开辟了新领域，创造了新方法，它将各种文字、图形、视频、动画、声音等载体集成，同时集成这些载体的操作系统（即视频设备、音响设备以及计算机操作设备等），为语言教学中的文、图、声、像、回馈、转移和自控等领域开拓了新天地，具有交互性、高效性、简约性的特点。多媒体技术提供了比传统的测试方式更便捷、更安全的模式。教学中可以针对多媒体辅助语言测试分项研究，开发语法、阅读和听力测试，这将大大降低教师和管理人员的工作强度，而且给测试者更多空间来自由操控考试节奏，并加快测试统计分析的速度及提高准确度。

（四）智能化计算机辅助外语教学

早期的计算机辅助外语教学主要利用 PLATO（Programmed Logic for Automatic Teaching Operations）系统，通过多个计算机与中心计算机互联实现教学，能迅速地反馈学习效果并对于学习者的错误及时发现、纠正和讲解；能提高教学效率，使教师摆脱繁重的作业批改任务，有更多的时间

和精力改进教学方法和丰富教学内容。智能化计算机辅助外语教学是在计算机技术和外语教学结合长期研究发展的基础上逐步形成的。它不仅能对学习者的学习成果与计算机中的正确答案进行对比分析，而且在添加了自然语言处理功能（Natural Language Processing）后，计算机还可对语段进行自动分析，以判断其所用的语法结构，或对口头输入进行处理，做声学分析。有很多学者对智能化计算机辅助外语教学给予积极评价，认为其最大的优势在于为学习者提供了以上下文为背景的人性化回馈。

第六章 英语教师发展的有效路径

本章的主要内容是英语专业教师发展的有效路径，主要从五个方面进行论述，分别是基于深度改革的反思性教学、基于学习共同体的科研与教学、多维度教材开发、综合性素养提升与发展、进阶性英语教师评价。

第一节　基于深度改革的反思性教学

教师如何实现自身的专业成长？教师成长是经验的不断积累，再加上不断地反思。只有经过反思，经验才会得到提炼和升华，才能促进自身的专业成长。一个不善于反思而仅仅满足于获得经验的教师，即使工作 20 年，甚至 30 年，都可能只是工作经验的重复而已，享受不到创造崭新自我的快乐。

一、反思性教学理论

反思性教学是现代教育改革中迅速兴起的一门教学理论。反思性教学思想的渊源可以追溯到杜威和肖恩等人对反思活动的论述。杜威将反思概括为一种特殊的思维形式，认为反思起源于主体在活动情景过程中所产生的怀疑或困惑，是引发有目的的探究行为和解决情景问题的有效手段，教学活动本质上具有反思性质。肖恩则将反思分为“对行动的反思”和“在行动中反思”两种。在教学中，“对行动的反思”或发生在课前对课堂教学的思考和计划上，或发生在课后对课堂发生的一切的思考中。反思也可能发生在教学行动过程中，即“在行动中反思”，在教学过程中，教师通常会有与情境的反思性对话，他们常常会碰到出乎意料的反应和知觉，教师必须考虑这些反应以调整自己的教学。熊川武认为，反思性教学是指教学主体借助行动研究不断探究与解决自身和教学目的以及教学工具等方面的问题，将“学会教学”与“学会学习”统一起来，努力提升教学实践合理性，使自己成为学者型教师的过程①。

（一）杜威的反思性思维与教学创新

美国著名哲学家和教育学家杜威是最早对反思问题作系统论述的人，他关于反思性思维及如何培养反思型教师的研究影响深远。在杜威看来，反思性思维是求知的最佳思维方式，它是对任何信念或假定形式的知识，根据其支持理由和倾向得出的进一步结论，进行的积极主动的、坚持不懈的和细致缜密的思考。反思性思维与那种盲目顺从于传统和权威的常规思维不同：常规行为基本上是由传统、权威和冲动所决定的，而反思性思维是对某个问题进行反复的、认真的、不断的深思；反思性思维不是沉思默想，而是指思想从经验到人的活动结果再回到原先的尝试的假设和猜测的活动。

杜威关于反思性思维的理论为教学创新提供了理论依据，反思性教学使教师从单纯冲动和一成不变的行动中解脱出来，使教师的行动更加深思熟虑，具有预见性并按照目的去计划行动。教师在反思的过程中可以发现新问题，进一步激发创造力，在不断改进教学的过程中，把自己的教学实践提升到新的高度。教师在真实的教学情境中遇到困惑和疑问，产生真实的问题，研究动机被激发，从而行动起来，收集资料并实地观察，设计解决问题的方法，并通过真实的教学情境来验证想法，积累教学经验，最终形成自己的教学理论，这个过程成为教师进行创新教学的基础。当然，教师通过教学反思来创新教学需要具有深厚的教育理论修养、广阔的教育前沿视野和敏感的教育问题意识。

（二）肖恩的教师个人实践理论和反思性教学

教师个人实践理论是美国学者唐纳德·肖恩首先提出的。他认为，教师在教学过程中常常受到两种理论的支配和影响：一种是公共理论，另一种是教师的个人实践理论。公共理论是指脱离产生主体，借助于语言、言

① 熊川武. 论反思性教学［J］. 教育研究，2002（7）：12-17.

语和文本等载体在公共领域得以传播，为某类群体或整个人类所共享的理性认识成果；个人实践理论是指尚未脱离产生主体，贮存于个人头脑中，为个人所享有并在个人教学实践中运用的理性认识成果①。教师个人实践理论是一种隐藏在教师身上的个人有关课堂教学和生活经验的认知，又被称为行动中的知识、教师的策略性知识、实践知识和教学隐喻等。教师所掌握的公共理论要对教学实践发挥作用，必须经过教师的内化和吸收，与个人已有知识、经历以及教学和生活体验相结合，经过批判性分析并升华为教师个人实践理论之后，才能服务于真实的教学情境。事实上，教师无时无刻不在运用不同的个人实践理论实施着他们的教学。

公共理论转化为教师个人实践理论的最重要途径是反思性教学。教师是一个反思型实践者，教学实践在形成教师的个人实践理论方面起着重要作用。教学实践应包括两种反思行为，一种是“对行动的反思”，即课前对课堂教学的思考、计划和课后对课堂教学的反思；另一种是“行动中的反思”，即教师在教学过程中对出乎意料的问题作出反应，并试图解决问题，对教学进行调整。两种反思行为相辅相成，促进教师个人实践理论的形成，推动教师专业持续发展。当反思实践者发现行动的结果和目的存在差距时，或者在实施行动计划的过程中遇到困难、出现问题时，反思型教师往往会对问题作出即时反应，试图解决问题，并在课后针对问题和问题的处理效果进行思考，对自己已有的知识和经验进行批判性反思。对于教学中出现的一些特殊问题，反思型教师往往会和同事讨论解决办法，交流心得，对问题的思考和观察也会变得更加系统，甚至会把问题作为课题进行长期研究，并把通过反思而形成的研究成果放在真实的教学情境中检验，在这个过程中，教师对问题的认识逐步深入，不断地对行动计划做出修改，以期能使行动结果和行动目标一致。这样在整个教学实践的过程中（行动前、行动后和行动中），教师的反思无处不在，而通过反思形成的个人实践理论反过来又可以指导下一轮的教学行动。随着个人实践知识的积累，教师会意识到反思实践使生成的教学理论更加系统化，让它接受实践的检验，反过来可以指导自己的实践，提高教学质量，推动教师自身的专业发展不断走向成熟。

---

① 王春光. 反思型教师个人实践理论探究［J］. 东北师大学报，2005（1）：138-143.

（三）反思性教学的特征、取向和层次

1. 反思性教学的特征

与传统教学相比，反思性教学有如下几个显著的特征。

（1）主体性

主体性是指教学方式的更新和教育理念的获得都是通过教师自觉的努力实现的。在反思的过程中，教师自身是反思主体，教师是反思性教学的源泉，教师的责任感和专业发展的积极性是反思性教学的原动力。教师只有关注教学效果、不断进取和更新教学观念，才能主动发现问题、总结问题、分析问题和解决问题。

（2）情境性

教师每天都面对着不确定的、复杂的、充满困惑的实践情境。反思性教学通过教学反思，在变动的教学情境中随时对教学活动进行监控和调节，以达到教学实践的合理性，所以反思性教学具有情境性。教学情境的复杂多变和不稳定使现成的教育理论和教学方法往往不能奏效，教师必须通过反思超越自我，创新教学方法和模式，提高教学水平，促进个人的专业发展。

（3）探究性

实施反思性教学的教师会永无止境地追求教学实践的合理性，能敏锐地发现教学实践中有价值的问题，并针对问题进行分析、解剖。反思性教学是教师自觉地、有意识地探究新问题和寻求新策略的活动，正是反思性教学的探究性特征使教师成为教学实践中的研究者。

（4）内隐性

反思型教师通过教学反思建构的个人实践知识大多是一些包含个人经验和感受的默会知识，虽然可以通过写反思日志和进行行动研究来呈现反思过程，但更多时候，反思只存在于反思者的头脑中。

（5）批判性

反思性教学需要批判型的教师。反思性思维本身就具有批判性，在接受和使用专家理论时不是全盘接受和机械照搬，而是以批判的态度辩证地看待问题，去伪存真，取其精华，去其糟粕。

反思性教学是外语教师提高教学质量的重要手段。反思型英语教师的整体素质包括 10 个方面的能力，即认知能力、教学反思能力、设计创意能力、执行能力、教学观察能力、话语能力、互动能力、群体控制能力、

表现和操作能力、研究能力。在教学实践中，随着教学经验的积累，英语教师的这 10 种能力会有不同程度的发展，各项能力的发展会呈现出不均衡的状况，要实现英语教师的全面发展，需要英语教师持续不断的努力，在教学实践中锲而不舍地探索追求。实现英语教师专业可持续发展的重要途径就是实行反思性教学，通过教学反思来发现教学过程中所出现的问题，有针对性地对问题进行深入的探究和分析。只有找出引发问题的关键因素，教师才能更加客观地看待教学、评估教学，更好地认识自己的教学方案，认识自己的教学实践，促进对教学活动更丰富的认识和理解，达到教学实践和教育理念的和谐统一。

2. 反思性教学的取向

反思型教师的教学行为分为五种价值取向，即学术性价值取向、社会效能价值取向、发展主义价值取向、社会重构主义者价值取向和一般性反思取向。学术性价值取向强调对教学内容及其方式的反思，提高教师传授知识的能力；社会效能价值取向强调教学理论研究成果的权威性，认为教学理论研究的成果所产生的一系列知识能为教师的实践起到权威的指导作用，当教师能系统地学习和运用它们时，教学一定能成功；发展主义价值取向主张以学生的自然基础为前提，强调对学生的语言和文化背景、思维和理解水平、兴趣爱好以及应对特殊任务的能力等进行反思；社会重构主义者价值取向强调把反思型教师作为一种承担重大社会责任的人，把学校教育和教师教育看作使社会向更加公正和人道方向发展的两个最重要的因素；一般性反思取向认为只要教师能更多地思考和更具有目标意识，教师的行为有可能变得更好。

这五种价值取向基本概括了反思型教师在反思性教学实践中所关注的焦点和角度，处在不同专业发展阶段的教师的教学反思的重点和价值取向是不同的，他们反思的或是教学内容，或是权威教学理论，或是学生的发展特点和学习基础，或是教学伦理。没有哪一种取向能单独构成反思型教师的评价标准，这些反思取向共同构成了一名成熟的反思型教师的反思内容。

3. 反思性教学的层次

教学反思的层次或教师反思的水平源于哈贝马斯对三种人类认知兴趣的区分：即技术性、实践性和解放性认知兴趣。范 • 梅兰以哈贝马斯的认识兴趣理论为基础，以课堂实践为分析对象，把教学反思分为技术理性水平、实践行为水平和批判反思水平三个层次。

技术性反思关注技术合理性，关注的是为达到预先设定的目标而采用的方法的效率和效果，并不关注既定的目标是否合理。教师往往只注意到教学工作中关于学科知识、学习理论以及学科教学理论等规律性知识和课程开发的技术性步骤等的应用，而看不到课堂、学校以及社会中的问题。

实践性反思指教师对学生的学习意向和动机的反思，对于社会、学校和班级环境的反思，对于自身经验和行动意义的理解和诠释。具有实践性反思特点的教师对待外部权威知识的态度是：需要学习，但也需要和自己的教学实际相结合，同时认为自己和学生也可以是知识的生产者。

教师的批判性反思指教师以开放的意识，将道德和伦理标准整合到关于实践行为的论述中，揭示、批判具有压迫性和支配性的事物，并且努力把批判性意识付诸行动。同时教师不仅尝试对自身作为教师的意象以及已成习惯的教学假定加以重构，而且能尊重学生追求自主与负责的权力。

技术理性反思是一种经验分析模式，是反思的最低水平；实践行为反思属于解释—现象学模式，水平高于技术理性水平；而批判性反思则属于批判—辩证模式，是反思的最高水平。这一反思层次的划分常常被研究者用来作为对教师反思水平进行评价的标准。那么是不是专业能力不够的教师多为技术反思类型，而专家教师往往只进行批判性反思或少量实践性反思而几乎不进行技术性反思呢？基于这三种反思层次，从教师日常工作的课堂出发，可以这样理解：技术性反思、实践性反思以及批判性反思都是教育的目标，教师既需要在技术性反思和实践性反思这两个基本层面加强积累，也需要提高批判性或解放性反思的自觉意识和行动能力，从而自然而然地实现在三个反思层次之间的贯通，将三个反思层次之间的角力无痕地消除，形成一种充满生命感召力的融合，或者说培养出教师所追求的教学教育的机智。也就是说，教师教学实践的三个层次是不可分割的有机整体，是相辅相成、相互促进的。

二、反思性教学与高校英语教师专业发展

由于小学、初中、高中、大学的层次不同，英语教师在通过反思性教学促进专业发展方面可能存在一些差别，诸如素质要求、能力结构、反

思内容等。下面我们将探讨反思性教学是如何促进高校英语教师专业成长的。

（一）高校英语专业教师素质要求

传统本科院校更强调“学科本位”，而随着时代的发展，“能力本位”意识越来越受到重视，“能力本位”是指充分结合生产实践和实际项目进行教学，以能力为本位，以项目为载体，以学生为主体，培养实践能力强、适应社会需求的人才。“教学一体化”的重要特征对高校英语教师提出了新的要求，高校教育除要求教师掌握一定的英语专业知识和具备一般的英语语言教学能力外，还要求教师具备应用英语专业实践能力和课程开发能力，以及一些与职业相关的素质和能力，如职业指导能力、社会交往能力、专业精神和职业道德等。因此，高校英语教师的专业发展自然被赋予了新的意义，高校英语教师的反思性教学也必然被赋予了新的内涵。

（二）高校英语专业教师的能力结构

高校教育的目标和高校教育人才培养模式对高校英语教师的能力结构提出如下要求。

1. 跨学科学习的能力

高校教育旨在培养人才的目标决定了高校英语教师不可只教英语语言知识，而应把提高学生英语应用能力作为主要培养目标。对英语专业的学生来说，英语是他们常用的工作语言，是实现与外籍同事和客户交流的工具，但他们工作的内容往往是商务，学生的商务知识和实操能力也是决定其在职场上成功的关键因素之一。

因此，如果高校英语教师的英语语言学知识不能胜任 CBI（Content-based Instruction，以内容为依托）教学，就难以培养出高素质的复合型英语人才。

高校英语教师应该根据教学需要不断学习英语知识，必要时可以考取一些行业执业资格和职业技术职称，如“国际商务师”“经济师”或“物流师”等，同时要加强校企之间的交流，争取到企业第一线锻炼的机会，丰富自己的实践知识。这种“跨界的能力”是高校英语教师专业发展的重要保证。

2. 实践能力

高校英语教师专业实践包括课堂实践教学、指导学生整周实训、毕业大作业、毕业前顶岗实习、学生专业技能竞赛以及学生创业实践等。高校英语教师在具备较高的英语语言教学理论水平的同时，还需具有较强的专业实践能力，这样才能在实践教学环节游刃有余。可以说，高校教师的专业实践能力决定了其实践教学的质量。

3. 课程开发能力

高校应服务于当地经济，高校课程开发的基本程序是根据本区域经济发展和人才需求设置专业，调查工作岗位的能力需求，通过设立专业指导委员会确定课程设置内容，分析典型工作任务并确定教学项目，通过行动导向教学，使学生掌握专业知识和技能，发展职业能力。

课程开发也是高校英语教师专业发展的重要方面，高校英语教师必须紧跟行业、企业的发展，开发出与当地经济发展和人才需求相适应的专业课程。

4. 职业指导及创业指导能力

职业指导是职业教育的一项重要内容，而高校教育可以以就业为导向，以市场和经济发展的需求来选择专业，培养的是社会的“准职业人”。作为高校教师，当然首先要完全成为他所教授的“专业”即行业中的职业人。高校教育可以成为培养“准职业人”的教育，帮助学生从一个自然人向职业人转变，可以让学生接受一定的职业教育，这就要求高校教师必须具备进行职业指导的能力。

5. 教研、科研能力

高校教师除了完成一定的教学工作量，还必须参与教研、科研等工作。高校英语教师要善于在教学中发现问题、研究问题、解决问题，通过对教学内容、教育方法的研究和改进，进而提高教育教学质量。教学研究不仅促进高校教师自身的发展，同时也促进高校教育的发展。

（三）高校英语教师教学反思的内容

高校英语教师教学反思的内容具体体现为对教师信念、教学过程、教学情境和学生的反思。

1. 对教师信念的反思

教师信念是指教师经过长期积累并贯彻到课堂的关于教与学的信息、态度、价值、期望、理论和假想。在教育实践活动中，教师信念与教师的认知活动过程交织在一起。高校英语教师作为教学反思的主体，在教学情境中对外显知识的理解和内化、对内隐实践知识的自主建构的过程中形成自己的教师信念体系。该体系具有系统性、动态性和发展性的特征，需要教师不断地通过教学反思使其趋于合理化，从而指导课堂教学实践，成为课堂实践的源泉。高校英语教师信念体系可概括为：关于英语教师专业化的信念，关于教师角色的信念，关于英语工具性的信念，关于应用英语课程的信念，关于项目式教学的信念，关于实践教学的信念等，它们组成了高校英语教师信念系统，为高校英语教师的专业化发展提供了源泉。

2. 对教学过程的反思

对教学过程的反思主要体现在对课程和单元目标的设计上，这属于肖恩的“对行动的反思”，包括教学实践前的计划和教学实践后对教学目标实现情况的反思。对于反思型高校英语教师来说，在把握高校教育目标和专业培养目标的前提下，课程教学设计和单元教学设计是我们经常反思的内容。这包括对课程教学目标、单元教学目标和课堂教学目标的设计、内容的选择、实施策略、评价方式等的反思。教学过程反思还包括对教学效果的评价，通过反思评估教学过程来确定是否达到了教学目标，例如：知识与技能目标、过程与方法目标、情感态度与价值目标等。教学反思的目的就是要不断反思、修正课程和单元目标设计，以达到教学设计的合理性，实现教学效果和教学目标的一致。

3. 对教学情境的反思

高校课程内容应置于由实践情境建构的以过程逻辑为中心的框架行动体系之中，它以获得自我构建的主观知识——过程性知识即经验为目标。高校教育对象的智力类型主要具有形象思维的特点，对知识的选择有明确的指向性，善于获取经验和策略的过程性知识，而这类知识的习得更是与具体情境紧密相关的。教学应以情境教学为主，高校学生只有在情境中才能将已有的理论知识和实践经验通过哲学工具——反思性思维进行内化，将它转化为个体的能力，即一种经由“获取—内化—实践—反思—新的获取”的过程而形成的本领。因此，高校英语教师应注重教学情境的开发与建设，包括教室以及临时的教学情境的创设，为学生提供一个仿真的学习环境，从“硬件”上为“工学结合”提供条件。教学内容是否置于恰当的教学情境关系到学生的能力能否得到有效的提高，所以，对教学情境的反思也是高校教师进行教学反思的重要内容。

4. 对学生的反思

学生是教学活动的主体，也是教学所要服务的对象，在反思性教学中理应受到重视。有效的反思必须考虑学生因素，包括学生身心发展的规律、学生的学习动机以及学生对学习的准备程度等因素。高校英语教师应该在教学过程中把握好理论教学和实践教学的度，以便最大限度地促进学生能力的全面提升。教师进行反思性教学时只有注重分析学生的特点，才能确保反思性教学的有效实施。

（四）高校英语教师教学反思的过程

教学反思的基本过程包括：识别问题—描述情境—诠释与分析—行动。高校英语教师的教育对象、人才培养模式、教学环境等有独特性，但实施反思性教学的一般程序也可以分为以下几个类似的阶段：

1. 在行动中观察——发现问题

当教师面对困惑的、麻烦的或是有趣的现象时可能会产生三种反应，一是采取逃避的策略，不理会这些现象而去做其他的事情；二是可能会沉迷于想入非非之中；三是下定决心真诚地面对这些现象。这第三种反应便属于反思性思维。所以说反思性教学是“问题”导向的，反思的起点是发现问题。当教学的效果没有达到或超出预期的效果时，就会引起教师的困惑和惊奇，从而刺激反思性思维的发生。

高校英语教师在教学过程中常常会遇到一些问题，例如：教学目标设计不能在真实的教学情境中得到有效的执行；教学情境资源因在教学设计中没有得到充分的考虑而没有被充分开发和利用；教师已有的关于英语语言教学的知识和经验，在具体的教学中并不实用，解决不了教学中的问题，英语语言知识和其他专业知识的讲授和训练的比重问题，理论和实践的比例问题等。这些问题一旦在教学中给教师造成困惑，便会激励反思型教师针对问题进行反思。

2. 描述问题情境——明确问题

教学中的问题能够引起教师的困惑，使教师的思维处于一种迷茫甚至混乱的状态。此时，虽然已有了探究的方向，但需要解决的问题尚不清晰，需要进一步明确问题，才能展开相应的研究。明确问题的方法是对问题情境做详细的描述，使自己的经验尽可能全面地呈现在自己眼前，使真正的问题得到聚焦，这实际上是教师利用教师本人对教学情境的深入认识来明晰问题的过程。

3. 运用已有知识和经验——理解问题

善于反思的高校英语教师往往在明确问题之后，以问题为中心，分析收集资料，从而理解问题，找出解决办法。他们会在已有的知识中搜寻与当前问题相似或相关的信息，根据已掌握的英语教学知识及个人实践经验，或与同事讨论，进行综合对比分析，弄清问题存在的原因，总结经验，批判性地审视自己教学中所使用的理论和方法，形成新思想和新策略，设计出可能解决这一问题的教学方案。

4. 提出理论假设、验证假设——行动研究

教师在理解了问题后，形成了新的理论和行动策略以及不同的期望，此时应该积极地行动起来，建立理论假设，设计假设验证方案，并通过教学实践验证假设，如果出现了所期望的结果，则使新理论得到了验证和加强，反之，如果产生的结果与所期望的不一致，则会产生新的疑惑，激发教师进一步的反思，开始新一轮行动研究循环。

从以上反思性教学的基本程序来看，教学反思使教师成为一名名副其实的研究者，反思的过程既是教师行动研究的过程，也是教师建构个人实践知识，推动教师专业化发展的重要途径。

（五）高校英语教师教学反思的方法

作为教师要善于反思。每位教师都会有类似的教学经历：在教学前，当教案初成时，往往难以发现问题；在教学中，疏漏之处显而易见。任何一名优秀的教师都会经历有瑕疵的教学，所以教师必须对自己的课堂教学进行自我反思。自我反思既是教学过程的一个必要环节，是提高教学效果的重要途径，又是教师积累教学经验的有效方法。不断地进行教学反思，可以获得宝贵的经验、教训，及时发现新问题，激发教师把教学实践提升到新的高度，实现教师的自我超越。

教师反思能力培养的基础是让教师体会到反思意识的重要性和反思能力对专业成长的作用，教师反思能力培养的重点是让教师掌握一定的反思策略。教师的反思是指教师在教育教学中，批判地考察自我的主体行为，通过回顾、诊断、自我监控等方式，或给予肯定的支持与强化，或给予否定的思索与修正，从而不断提高教学效能的过程，即教师以自己的教育实践活动为思考对象，对自己的行为及结果进行审视和分析，其本质是一种理解与实践之间的对话，是对教育教学过程中各个方面存在的问题的反省、思考、探索和解决。

1. 教学反思的层面

教学反思可以贯穿教育教学中的多个层面，有教学实践中的反思，有理论学习的反思，也有同伴之间相互借鉴时的反思。

（1）在教学实践中自我反思

教师在每一堂课结束后，要认真地进行自我反思，思考哪些教学设计取得了预期的效果，哪些精彩片段值得仔细咀嚼，哪些突发问题让自己措手不及，哪些环节的掌握有待今后改进等。同时，教师认真进行反思记录，主要记录以下三点。

总结成功的经验。每堂课总有成功之处，教师要做教学的有心人，坚持把这种成功之处记录下来并长期积累，教学经验自然日益丰富，有助于教师形成自己的教学风格。

查找失败的原因。无论课堂的设计如何完善，教学实践多么成功，也不可能十全十美，难免有疏漏之处，甚至出现知识性错误等。课后要静下心来，认真反思，仔细分析，查找根源，寻求对策，以免重犯，使教学日臻完善。

记录学生的情况。教师要善于观察和捕捉学生的反馈信息，把学生在学习中遇到的困难和普遍存在的问题记录下来，以便于有针对性地改进教学。同时，学生在课堂上发表的独到见解常可拓宽教师的教学思路，教师要及时记录在案，师生相互学习，这样可以实现教学相长。

（2）在理论学习中自我反思

教师要坚持学习和研究先进的教育教学理论，并主动自觉地运用理论反思自己的教学实践、指导自己的教学活动，在学习中深刻反思、认真消化并付诸实践。先进的理论往往能让我们感觉到“山重水复疑无路，柳暗花明又一村”，使我们的教学进入新的境界。没有深厚的理论素养和丰富的知识储存，是不能登堂入室，达到高屋建瓴的教学境界的。

（3）在相互借鉴中自我反思

教师之间多开展相互听课、观摩活动，不仅可以避免闭目塞听、孤芳自赏而成为“井底之蛙”，而且能够使我们站在“巨人的肩膀”上。只要有可能，不要放过听课的机会，不要放过一些细节。除了争取多观摩别人的课堂教学，还要研究特级教师、优秀教师的课堂实录，从课堂结构、教学方法、语言表达、板书设计、学生情况、教学效果等方面，客观、公正地评价其优点和缺点。教师对所听的和观摩的每一堂课都要研究、思考、探讨，并用以反思自己的教学，进行扬弃、集优、储存，从而走向创新。

2. 教学反思的常见形式和方法

教学反思的常见形式包括自我内省和集体协作反思两种。内省是教师个体重新思考教学固有观念的过程，内省可以使英语教师独立思考关于如何学、如何教及师生之间如何互动等一系列问题，有助于培养英语教师独立思考的能力，最终寻求创造性解决问题的办法。集体协作反思是以集体为单位建立的一个综合的、有机的反思体系，集体合作反思往往能从不同的角度把问题研究得更加透彻。教学反思可采用多种方式。

（1）反思日记

反思日记是教师课堂教学自我反馈的一种优良形式，是重点教学经验的记录，包括教学日记和学习日记。教学日记是教师对当堂课或当天语言教学具体的教学问题的亲身感受以及体会与反馈，它促使教师对富有意义的教学问题做深入思考，从而对自己的课堂教学行为、效果、动机等产生新的见解。学习日记可以是教师对自己专业知识的补充记录，也可以是学生对某一堂课、某一篇课文或某一单元的学习心得。教师的反思水平和反思程度是有差别的，因此，写好反思日记，培养教师反思的习惯，训练教师反思的能力十分有必要。高校英语教师可以采取集体备课、集体评课的办法来加强反思语言的交流，提高反思意识和反思水平。另外，写反思日记贵在坚持，只有持之以恒地写反思日记，才能为教师反思性教学提供最直接的第一手材料。

（2）同伴观察

写教学日记往往只能记录靠自己观察所获得的信息，有时限于教师个人的反思水平和关注角度，记录教学内容时难免会有所疏漏，这时候就可以请其他教师参与观察，并通过课后的交流，直接获取无法靠自己感受获得的信息。

同伴观察（教学观摩）指教师以相互听课为主要形式来观察和分析同事的教学活动。教师以自愿原则相互观摩彼此的课堂教学并描述他们所观

察到的情景，课后交换所获得的信息。这种以自愿为基础的与他人合作交换听课的活动旨在帮助对方收集对他们有用但他们自己难以收集到的信息，而这些信息是自我反思体验的基础。这种听课活动既能提高教师的英语教学能力，又有助于他们走上科研之路，还能加强教师之间的理解和认同，给他们带来职业生活的愉快和满足。

（3）个案分析

教师可以通过参加教学竞赛、说课比赛、听公开课、优秀教师示范课等活动进行个案分析，取其精华，充实和改进教学，在反思他人的教学中，促进自身教学的发展。

（4）行动研究

行动研究具有反思性。利用行动研究进行反思性教学，要求教师对他们在课堂上所遇到的问题进行调查研究，建立假说，解决问题。行动研究强调理论联系实际，以课堂教学中收集的第一手材料为研究对象，直接用研究结果来指导教学。行动研究还使教师成为课程设置与开发的主体，提高了教师自我发展的自觉性，成为促进教师专业发展的不竭动力。行动研究是培养研究型教师的重要途径，通过理论与实践相联系，教师发展成为教学实践的研究者和探索者，而不仅仅是知识的传递者。

（5）微格教学

微格教学是指教师用摄像机将自己选定作为反思对象的某个教学方面或过程完整地记录下来，之后以一种旁观者的角色来观看和分析这种实录，寻找解决问题的对策。微格教学使教师能重新听到和看到自己在教学中的行为具有哪些明显的特点，还可以与他人一起对话交流，共同探讨。当然，教师也可以根据自己要反思的问题，拍摄同事或其他教师的相关教学片段，进行观察和分析，从中寻找启示和灵感，反思自己的教学。

（6）学生反馈

学生反馈是从学生身上获取信息以作为调控教学的依据，是教师对学生学习状况的了解。在高校英语教学中，教师获取学生反馈的有效途径有师生座谈、学生评教、教师分析学生练习和测试成绩（项目汇报）、设计学生问卷调查、开展同行之间的交流等。通过学生反馈，教师反思自己的教师角色、教师话语、教学方法以及教师专业水平等。通过学生反馈，教师分析相关的数据，可获得更多、更明确的信息。在高校英语教学中，利用学生反馈进行反思教学能够极大地促进教师的自我提高，优化课堂管理，融洽师生关系，促进学生自主学习，有助于英语教学质量的提高。

（7）合作研究

教学反思可以由教师个人单独进行，但如能形成一个反思型教师团队，对教学中的典型的疑难问题展开合作研究，则能发挥团队成员各自的长处，形成研究合力，提高团队整体教学反思的水平和行动研究水平，促进教师专业共同发展。上述六种教学反思方法如果能在一个团队中得到应用，无疑会起到有力的增效作用。

除了以上几种教学方法，教师还可以采取以下几种方法增加自己反思的途径。

（8）专家听课

请有丰富教学经验的离退休教师组成的教学督导小组或者同一教学领域里业务过硬的专家听课指导，或聘请国内外的知名学者对全体英语教师进行全程听课，对教学中存在的问题给予分析和评价，帮助教师提高反思能力。

（9）教师评价

教师评价与听课相似，焦点不再是教学中对与错的问题，不再只将评价作为考核的手段，而是关注整个教学过程中的教师行为，通过观察分析、评价、改进、实践的循环过程，帮助教师提高教学水平，以利于其将来的发展。对高校英语教师的评价应综合人际关系、跨文化交际能力、英语语言能力、语言教学、职业意识等，通过对英语教师这些方面素质的评价及相应改进措施的提出，构建一个促进英语教师专业知识发展、教学技能增长的良好平台。

（10）学术研讨会

这是学校利用反思的方法支持、促进教师发展的一种方式。不同学校的教师在研讨会上提出自己教学中遇到的问题，然后共同讨论解决办法，最终形成的解决办法为所有与会的教师共享。

高校英语教师开展反思性教学的途径还有很多，教师可以根据各自所处的环境和教学科研条件，选取恰当的反思方法和策略，让教学反思成为推动自身专业发展的强劲动力。

作为高校教师队伍的重要一员，高校英语教师在改革中也必然要突破固有的教学理论和已有的教学经验，不再墨守成规，要充分发挥教师的自主性，在教学实践中发现新问题，解决新问题，发展个人实践理论，提高教学效率，推动英语教师专业能力发展。在这个过程中，反思性教学无疑为高校英语教学改革提供了一种新的思路。反思性教学为高校英语教师提供了一个将理论知识与教学实践相结合的平台，它开辟了提高教学质量的新途径。

第一，反思性教学使教师的自主性和创造性得到了发挥。反思性教学过程是教师对各教学环节不断审视、调节、整合和完善的过程。反思性教学使教师在实践中走向专业发展的成熟期，他们的实践与教学经验受到了应有的关注，自我教学经验成为教师获取教学知识的主要来源，反思性教学使教师的发展更具有自主性，更有利于教学创新。

第二，反思性教学拓展了有关教师专业化知识的境界。反思性教学使教师不仅能获取教育研究者所提供的客观的、普遍适用的科学知识，还成为知识的生产者。反思性教学使教师的发展与问题研究真正结合起来，使教学活动和研究活动融为一体，教师可以在教学中发展个人实践理论，成为新教育教学理论的创造者。反思性教学是教师专业发展持续进行的基础。在高校教育教学改革中，反思性教学可以说是实现教学创新的法宝，它开创了教师专业发展的新格局。

第三，反思性教学给教师提供了终身学习的动力。反思性教学是基于岗位、基于学校、基于具体情境的一种重视教学实践、与解决现实问题密切相关的教师专业发展的崭新模式。反思性教学要求教师在教育教学中形成自己的专业认识和理论以及操作策略，教师通过对自我教学实践经验的反思，对问题展开研究，不仅回忆、思考、评价教学经验获得的活动过程，还需不断地探寻新的理论、方法，调整教学设计，适应教学目标的需求。教学反思是一个为达到教学实践合理性而进行的永无止境的探索活动，这意味着教师必须终身保持高度的职业热情和永不停止学习和探究的精神。

第四，高校英语教师实施反思性教学能促进教师之间的交流互动，提高校企合作能力。一方面，个体反思需要群体的支持，教学反思并不是孤立的、个体的活动，而是互相关联的个体在群体中寻求自我发展的一种方式。离开了群体的支持，教师个体的反思会受到局限。因此，合作研究是教学反思的重要形式，教师在与同事的交流互动中获得鼓励，受到启迪，增强反思效果，加快教师的专业发展。另一方面，高校英语教师的教学反思不能局限于课堂教学，应把反思的眼界投向更为广阔的社会，特别是相关行业的公司和企业，通过加强与公司和企业的交流互动来提高自己教学目的和教学过程的合理性。

（六）反思型英语教师专业发展策略

反思性教学是建立在教学反思基础之上的教学过程，实施反思性教学应当通过合理的教学反思来进行。合理的教学反思始于对教学中的实际问题的发现，教师应以一个对教学合理性负责的研究者的姿态去发现自身教学中存在的问题，从多个角度思考这些问题，尝试通过多种途径去解决这些问题。实施反思性教学，成为一名成功的反思型教师，可采取的策略有实践反思、叙事反思、合作反思和资源反思。

1. 实践反思

实践反思的主要方法是行动研究。教师行动研究是教师对自身当下思维与行为的监控与调节、协调与互动。行动研究是一个循环往复地探询新问题、解决新问题的过程：发现问题—形成假设—行动研究—发现新问题……如此反复，进行教学探索与提高。行动研究能够帮助教师在调节自身思维活动与行为活动的同时发现教育教学实践过程中的问题，并通过教学实践使问题得到顺利解决，使教师由纯粹的教育教学的实践者提升为教学理论的创造者与实践者。

2. 叙事反思

叙事反思是教师通过内隐或外显的方式将所经历的教育事件与相关感受呈现出来，为他们今后的思考提供素材。教师可以采用想象叙事或内隐叙事，将自己头脑中的各种表象通过自己思维的加工而构成各种具有意义情节的事件，如对教学片段的回忆等；也可以采用口头叙事，通过口头言说的方式将自己内心的东西表达出来，如与同事交流反思心得等；还可以采用书面叙事，通过书面语言将自己所见、所闻、所经历的事件写出来，如教学日记、听课记录等。

3. 合作反思

合作反思是外语教师反思性教学和专业化发展的重要途径，包括参与式观察和合作教学等方法。参与式观察（教学观摩）以教师相互听课为主要形式来观察和分析同事的教学活动。合作教学指两名以上的教师同时教一个班的学生。外语教学中的合作教学可以促进教师对教学进行反思，有利于教学合作和教师专业素质的培养，也有利于培养教师的团队精神。

4. 资源反思

资源反思主要包括观看教学录像带和利用教师档案袋等方法。观看自己的教学录像可以使教师站在客观的角度考察自己的教学实践，它不仅能反映自己教学的优点和不足，也能把很多自己并未注意到的教学细节也呈现出来。教师档案袋是对所有关于学生学习和教师教学过程的记录，同时还有教师本人对这些事件的评论和解释。它为教师的反思提供了最直接的情境，可以帮助教师反思自己的教学过程，然后据此选择最合适的教学策略，促进教师的专业化发展。

总之，把反思性教学运用于英语教学实践，教师要把科研与教学有机地结合起来，采用以上四种策略改进自己的教学观念与方法，提高教学效率，不断提升自身的专业水平。

第二节　基于学习共同体的科研与教学

一、高校英语教师学习共同体概述

（一）教师学习共同体的定义

学习共同体是由美国著名社会学家查尔斯·罗密斯在翻译时提出的。到 1995 年，博耶尔第一次提出“学习共同体”的概念。教师学习共同体就是指教师以自愿为前提，以资源共享、经验传授、技术指导等作为核心，以共同愿景为纽带把教师联结在一起，组成的互相交流和共同学习的组织。

（二）高校英语教师学习共同体的特征

1. 目标统一性

英语教师学习共同体作为英语教师群体发展和进步的团队，每名成员都有奋斗进取的相同目标，这些学习目标促使每名成员不断积累、不断学习，是教师个人成长与专业发展的原动力。这种目标更像是一种由职业道德衍生出的精神追求，呼唤着每名英语教师为了传授给学生更多更完备的知识、取得更多更有效的科研成果而不断充实自己。

2. 成员自愿性

教师学习共同体是教师自愿、自觉组建的，这种组建基于对教师专业素养和职业道德的深入考量，因此具有极强的自我内驱力。高校英语教师工作有很高的自由度，教学方法和科研工作的模式也并没有强制规定，只有对共同体认同才可能花费时间参与集体学习，而这份认同感与归属感来自共同体成员的自愿性。

3. 团队共享性

英语教师学习共同体是由各个成员共同构建而成的，其发展离不开每名成员的分享与贡献。共同体以合作共享为基础，打破成员之间的相互隔离与不信任，消除恶意竞争思想，提供彼此交流沟通的机会。这种团队共享性始终是共同体促进教师个人成长与专业发展的基本要求，通过共享教师团队才能共同在教学和科研上取得成果。

4. 学习发展性

英语教师学习共同体顾名思义是指英语教师共同学习成长的平台，共同体中的每名成员都在实践中进行自我反思和自我教育，通过成员之间的交流探讨，提升自身知识的储备与教学水平，优化教学质量，提升科研质量，教师学习共同体的产生源于教师群体对自身教学水平成长与学科专业发展快速提升的愿望，而共同体本身也在各个成员不断地教学和科研实践与经验分享中得到发展。

二、高校英语教师学习共同体存在的问题

英语教师学习共同体作为英语教师专业发展的一种新型模式，可以有效满足教师对自身成长与专业发展的诉求，近年来，对其理论研究及实践操作日渐流行。但学习共同体尚属新生事物，其体系发展并不成熟，还存在许多对其概念与宗旨误读的现象，这不仅会影响教师个人的成长，还会影响整个共同体的发展，只有及时解决这些问题，才能让学习共同体发挥应有的作用。

（一）违背个人意愿

共同愿景是英语教师学习共同体的一大重要特征，是每名成员教师认

同的价值观念，明确且清晰的共同愿景是建立专业学习共同体的关键，是共同体发展的动力。对共同愿景产生的认同感使专业学习共同体保持运行，但这并不意味着每名成员教师没有追求个人意愿的权利。有的英语教师为了追求共同愿景，为了维护共同体内成员关系的和谐融洽，放弃了个人意愿，忽视了共同体对每名成员个人愿景的尊重，一味地附和共同愿景与价值观，不愿将自己的意愿表达出来与成员协商解决，这种掩盖自身真实想法的行为违背了学习共同体建立的初心，也会让成员本身对共同体失去信心、丧失动力。

（二）刻意营造和谐氛围

英语教师学习共同体作为来自五湖四海的成员教师交流、讨论、分享的平台，在对专业知识的探讨上出现分歧是正常且值得提倡的，只有在争议中，成员教师的英语专业知识储备与教学水平才能得到提升。但是有些教师刻意追求和谐氛围，虽然表面上认同其他教师的观点，心中却有不同的想法。这种被动的合作会消磨教师对专业的热情，降低教师的创造能力与反思意识，严重阻碍英语教师的个人成长，也会使共同体的发展停滞不前。

（三）教师缺乏共享领导意识

共享领导是一种新的管理思想，该思想主张由领导者和其下属成员组成的管理团队来共同承担领导责任，领导者必须摆脱传统独自负责和控制一切的观念，使下属成员更愿意担任责任并更具主动性。当团队的所有成员充分参与到团队的领导中，为最大限度地发挥团队的潜力而毫不犹豫地指导和影响团队其他成员时，则实现了共享领导。在共享领导中，团队成员对整体工作的成败负有更大的责任，都参与组织的管理职能，都必须对组织的成败和管理负责，思考问题的角度也从自己领域的利益转向全局。在传统英语教学组织中，领导作为决策者往往起主导作用，英语教师作为决策的执行者，只需要对领导下达的决策进行执行即可。而在英语专业学习共同体中，成员教师是主导者，需要共同商议，相互合作，平等地参与决策，共同体赋予成员教师的这些平等协商、共享性领导权力和职责使其难以适应。

三、高校英语教师专业学习共同体的构建策略及实施路径

建设英语教师专业学习共同体是教师成长的有效途径，能够有效地推

动新时期英语教师队伍建设，促进教师专业发展。英语教师专业学习者通过与其他学科或领域的人进行互动交流，在合作探究中实现知识技能的提升。针对当前阶段英语教师专业学习共同体所出现的一些问题，建设共同体要采取如下举措。

（一）培养自主发展意识，消除功利化思想

高校英语教师专业成长以教师自主意识为主。在大学英语教学改革中，教师的自主意识具有重要作用：增强教师自主专业发展意识，能提高高校英语教师专业发展的驱动力。

一是共同体成员应形成自主学习的习惯、反思进取的意识。要时刻认识到自己在专业知识、教学经验、科研经验等方面存在的不足，积极学习相关内容，保持谦卑的态度，向共同体内的其他成员虚心求教。要对开展科学研究工作的价值形成合理认知，积极研究教学新方法，以更好的状态开展课堂教学。

二是克服“功利化”观念，形成共享意识。共同体各成员对职称荣誉的争夺可能对共同体的经营和发展产生影响，所以，教师应给予合理的指导，主动分享，主动付出，创设互动、共享的协作团队，把教师个人才能与研究创意变成共同体最大“合力”。成员教师应该根据自己的教学实际，运用团队研究成果，及时调整教学实践的方法。

三是形成共识，塑造共同愿景。从教师的教学水平不断提高、共同体成员的研究能力的增长等视角来探索共同体的发展方向，实现个人成长和集体成长的有机结合，使共同体发展和个人成长达到基本的统一。

（二）打破学科地域限制，科学分配团队成员

英语教师学习共同体不只是每一个英语教师共享的舞台，更是共同体成员合作发展的舞台。目前，我国大学英语教育专业存在着缺乏明确培养目标、课程设置不合理、教学实践不足等问题。所以在建构高校英语教师专业共同体的模式中，不应囿于英语这个科目，也不能囿于一定的地域城市，应主动吸收其他职业、其他高校的教师也参加进来，应重视成员结构的多样性，充实共同体的研究内容，提高共同体的研究水平。

第一，对共同体成员的数量与角色进行合理分工及任务布置。防止出现不劳而获的现象，以至于影响共同体成员的信心与热情。在选择共同体成员时，要确保共同体参与成员的积极性、主动性。

第二，要科学地配置成员，避免以单一英语学科为基础建设专业共

同体。地域的限制对教师专业知识储备有不利影响，而不同院校教师组成的专业共同体往往可以解决这一问题，因此，我们应该充分利用现在的互联网和智慧学习工具吸才纳贤，建设跨专业、跨院校英语教师学习共同体。

（三）激励引导教师合作，提升教学和科研实践能力

注重文化引领高校英语教师学习共同体就是教师教学实践过程中基于特定发展需求而结成的一种“联盟”。所以，积极地引导英语教师学习共同体的合作有利于促进教师的自主发展与专业成长。

第一，要重视激发教师之间的合作意识，结合教师个人兴趣特长，发展方向，组建英语专业课程教学团队、综合英语课程教学团队等。学校要赋予教师充分的自主权，允许教师参与制订课程教学相关文件以及科研工作，增强教师的主人翁意识和发展意识，推动课程建设。

第二，要培养教师的教学实践能力、科研能力，教师作为教育活动中的主导者，教学实践能力是必不可缺的能力之一，在英语教师学习共同体中，成员之间相互分享、相互学习，在自我反思与学习中培养教学实践能力、科研能力，提升综合素养。

（四）增强教师的主导性，提高共享领导意识

为让教师能够主动参与到学习共同体的决策之中，并平等地相互沟通和磋商，需要教师主导性的发展，而这种主导性的发展正是共享性领导得以实现的根本，其中，主要表现在增强教师专业自主意识，民主参与决策。而在共同体体系尚未成熟的情况下，共享性领导不容易实施，教师不能适应角色转变将使组织松散、混乱。只有在专业发展有一定基础、教师领导意识不断增强时，共享性领导才能真正实施。

（五）健全保障机制，加快英语教师发展步伐

英语教师学习共同体的构建与维护，不仅需要各位成员教师的积极贡献，也需要各个专业院校与教育主管部门的支持与配合。在构建英语教师学习共同体的过程中，教育主管部门要安排组建专门的队伍进行考察与监督，确保行动落实到位，避免产生低行动力导致的资源供应不及时、专业发展滞后的现象。

另外，学校在教师参加共同体学习的时间安排和资源共享方面要提供便利，教师教学任务的合理规划可以让教师有更多的时间与精力

投入共同体的学习研究中。在资源共享方面，学校之间的联合伙伴关系也可以让成员教师无论是在软件还是在硬件方面均获得丰富的资源协助。

教师学习共同体作为一种以个人发展为本、以社会发展需求为本的学习组织，它影响学生的发展和进步，同时推动教师个人和学科专业的发展。英语教师学习共同体模式发展教师的奉献精神、突破传统的“功利”思维，共同体成员以教学经验和智慧分享等建构了一种良性互动的合作文化，使英语教学合作、英语科研合作得以深化，教师专业成长得到真正推动。学习共同体下英语教师新能力被激发、专业热情被提高、教学质量与科研水平被改善，共同体体系日趋成熟并形成良性循环。在高校英语教学改革不断深化的背景下，积极建设英语教师学习共同体，既能够确保整体教育质量，又能够让英语教师个体在专业领域获得不断发展。

第三节　多维度教材开发

教材作为体现教学内容和教学方法的载体，是课程实施的主要组成部分，是实现教学目标的重要前提条件。教材不仅是教学的工具，而且是一定教学目标、教学观念及教学方法的具体体现。教材是教师使用最频繁的教学媒介，对教材的进一步开发实际上是对教师进行知识更新和技能提高的再培训。通过开发利用教材进而实现教师的专业发展是英语语言教育界致力研究的一个重要课题。纵观过去英语课程的历次改革，它的教育价值、理想和语言教学思想等都是通过教材的实施得以实现的。每一次的课程改革都会造就一批英语教学名师。从某种意义上说，教材的多维度开发对促进教师专业发展起着非常重要的作用。

一、多维度教材开发概述

（一）多维度教材开发的含义

多维度教材开发指的是对教材进行多层次、多角度、立体式的研究和开发，包含与主教材相配套的参考教材的整合、教学指导书和练习册的编写、多媒体课件的制作、教学思路的设计、教学个案的分析、使用教材的经验总结等。对教材多维度开发的过程，其实质就是以教材为基础，对课程全方位多角度地思考、整合、再开发实施及完善与提升的过程。教师对教材进行多维度开发，不仅包括对教材的编排理念、教材体例的理解与熟悉，对教材及相关教学资源的整合及课件制作，还包括教师基于课程设置目标而对教材进行的再编写与后续开发。

对教材进行多维度开发是在已有教材基础上进行的，不仅立足于教材，而且超越教材。教材多维度开发可从三个层面进行：一是对已有教材进行灵活性、创造性和个性化地利用；二是仍然是对其他教学素材、资源进行筛选，整合与优化；三是指自主开发的其他新型教学资源。

（二）多维度教材开发的现状

自从实施英语教学改革以来，我国各个层次的英语教学不论是从教学大纲还是教材、教法等方面都发生了巨大的变化。现代英语教学改变了传统的语法翻译法等低效的教学思想，更加侧重于以交际为目的、以培养学生语言交际能力为核心的教育理念。体现在教材的编写方面，则是改变了以往英语阅读文章加词汇及释义的编排方式，在教材中开始创设各种情景，通过开展各种活动培养学生在不同语境中恰当使用语言的能力。

随着科技的发展、电脑的普及，计算机的辅助功能也在日常的教学中得以体现。越来越多的音频、视频材料及电子课件开始走入课堂，为同学们学习英语提供了更生动逼真的语言环境。我国外语教材的整体研发与使用正朝着立体化的方向发展。

（三）多维度教材开发的基本要素

教材的多维度开发主要包括以下要素：开发主体、开发维度、开发原则以及开发方式。

1. 开发主体

在整个教学活动中，教师处于灵魂地位，在教材多维开发中处于主体地位。其充当着教学任务的执行者，教学活动的组织者和指挥者，教师既要处理好教学内容，使其具有现有的可操作性，并密切联系学生的兴趣和实际生活，也要在实际课堂上进行教学和整理、启发并协助学生参与教学活动，指导学生积极主动地进行语言学习、完成学业。教师不仅帮助学生确立学习目标，而且引导学生了解和分析自己的学习特点、学习风格、学习策略和效果，帮助学生找到实现学习目标的有效途径，并尽可能地开发学生的潜能，培养他们终身学习所需要的能力。

教师同时也是课程的执行者与积极开发者。教师不只要适应既定课程，更要主动去了解、理解课程设计者们的要旨与用意。它要求教师在教学过程中，既要对学生已有水平、学习需求有所了解，厘清其接受能力与情感态度的关系，同时也要尽最大努力强化自身教学理念，提升知识水平，增强教学实践能力，能较好地领会教材编写者的用意，开发课程资源，精心进行教学设计，展现自己对课程、教材和教学的独特理解，彰显个人的创造性。如果进一步细分，教材开发的主体还可以分为教师个人、教师小组、教师全体以及校外单位或个人合作等层次。

2. 开发维度

教材使用者可以从以下几个方面对教材进行改编和加工：语言、语境和内容、教学过程和课堂管理、重组。据此，教材开发的维度可以概括为语言、内容、结构和能力四个方面。

（1）语言维度

在所有教材内容中，语言都是载体。而英语这门外语，它的“语言”则是教材最为外显的组成部分。“语言”所涵盖的范围很广，大体上可以分为语言内容与语言技能两大类。其中，语言内容涉及语音、词汇、语法等，语言技能又包括听说读写译。它们共同组成教材对学科知识与技能的训练，渗透在各类讲解、实例、课文、习题、作业中。

教材开发就语言维度而言，通常需探究以下问题：包含了哪些语法项目，是否符合学生的学习需求，为学生安排的语法练习是否充分，词汇的数量和难度是否恰当，词汇呈现采用任意呈现还是结构化有目的地呈现，是否需要专门的词汇教学，如何培养学生对词汇的敏感，语音学习是否包括单音、重音、弱化、连读等训练，该采用何种方式来教学；教材是否体现了语言的合适性，是否确定了学习者语言运用的情景和领域；听说读写四项技能是否充分覆盖，有没有综合技能的学习活动，等等。

（2）内容维度

内容维度的内容是指教材包含的情感、态度与文化等非语言方面，指教材的主题，选择的学科内容及通过教材所传递的社会文化价值观。语言与情景密不可分，语言不能单独脱离情景而存在。仅将语言作为抽象的系统进行研究不能培养学生在真实世界中运用语言的能力。教材必须如实地呈现语言实际运用的方式，与一定的主题和社会文化价值观相结合。内容维度需考虑教材是否适合学习者，是否能吸引学习者的兴趣，是否与学习者的知识体系相关；教材所体现的社会文化语境是否能被学生理解等。

（3）结构维度

教材结构泛指教材内容组织中的结构线索。语言学习的内容均遵循着某种规律或者理论，用一定的方法排列。选什么样的内容，按照何种顺序进行排列，均是为了便于学生学习。不同的教材在形式上、作用上、情景和话题相结合等方面都存在差异，各类教材在结构体系上的差异，仅表现在主次线索与侧重点上，教师需要从学生实际接受能力出发，选取恰当的内容组织方式，对内容顺序及进度进行调整。

（4）能力维度

在实际有效的交际中，知识和能力是密不可分的。但两者的获取途径有所不同。知识可以通过“呈现”或“发现”这两种方式来学习，掌握后还可能会忘记；而技能则需要通过练习而掌握，一旦获得，就具有相对持久性。这就是人们常说的“教”知识，“学”技能。

我们所讲的能力维度主要指语言技能和学习技能。语言技能是语言教材开发至关重要的维度。作为以语言学习为主要内容的英语教材，除要求学生掌握基本的语言知识，熟悉一定的社会文化价值观念外，其最终目的是要学习者获得相应的语言技能，真正会应用语言。因此，听、说、读、写四项技能的训练是语言教材中必不可少的组成部分。教师对教材进行开发，要考虑到这四项技能的培养是否在教材中得到了充分的体现，要考虑听力材料是否真实，难易程度是否与学生水平一致，录音是否清晰；口语材料是否切合学生的生活情景，活动设计是否有助于学生的真实互动；阅读材料的语言表达是否地道，材料是否充足，是否能真正提高学生的阅读能力；写作活动的量是否适当，语篇组织与语体运用是否合适等。同时，教师还要重视开展综合技能学习的活动。学生只有通过各种各样的活动，才能真正锻炼自己的语言能力，学会运用语言。

相对于语言技能而言，学习技能则更具有广泛性。英语学科的学习技能主要指学生采用何种学习方法、策略和技巧去培养语言的听、说、读、写能力，它包括学习者采用的所有能促进语言能力发展的技能，如工具书的使用。

3. 开发原则

教材的多维度开发是在课程标准的指导下进行的，目的是达到教学的目的和促进学生的发展。

教师多维度开发教材并非任意而定，而是以课程标准为导向，对教材进行调整、加工和处理，即教材编写者与教师、学生相互调适的过程。同时，它又是课程计划与学校实际教学情景相互契合的过程。教师通过准确地把握课程标准，或对教材进行教学法处理调整，或转变教材知识呈现方式与传播途径，使教学内容更加符合学生的心理特点、认知水平，指导学生获得知识与技巧，体验学习过程，发掘教材的多元课程价值与意义。

4. 开发方式

从开发方式来看，教材多维度开发可以分为教材的整合、删减与补充，教材的开发与编写，教学设计与课件制作等。

二、多维度教材开发与高校英语教师专业发展

教师专业发展主要涉及五个层面：在帮助教师提高教学技巧等方面进行培训；学校整体调整优化活动，以实现教师自身最大化发展，创造良好氛围，增强学习成效；提高教师对自己工作与活动的认识水平，不仅止于改善教学效果层面；采用最新教学成效研究方法，提高学校的教育水平；专业发展作为目的而存在，学校需尊重和支持教师的教学工作，推动个人专业成长。

教师在教学过程中，应善于选用为我所用的教材品种，巧用教材资源，善于从教材中挖掘可借鉴之处，积极利用并超越教材，有效开发、编写、创作、再创作教材、教案活动及课件，对教材进行特质评价，钻研教材的作用和价值。要想具备这些能力，教师应从五个方面入手，即理论、学术眼光、教学水平、教学能力和实践经验。

这表明教材多维度开发和教师专业发展互促互补。一方面，教师多维度地开发教材，能够培养教师自身教学与科研能力；另一方面，教师自身专业发展使其具备驾驭教材、开发教材的能力，能够更加高效地多维度开发教材。

（一）多维度教材开发对教师专业发展的促进

教师进行教材多维度开发，对自身专业发展的促进主要表现在以下三个方面。

首先，教师对教材进行多维度开发能充分了解课程内容，有效整合教学资源，提高教学质量，促进自身教学能力的发展。教师是教学任务的实施者，是教学设计的主角，是教学活动的组织者。教师对教材进行多维度开发，必须先熟悉和学习教材，熟悉教材的基础知识、教材基本结构的编排，了解课程专家通过教材所体现的教育目标、课程目标、知识和能力及价值观等方面的培养目标。教师在把握了这些内容的精髓之后，再根据自己对给定内容的理解和解读，结合学生的认知水平、行为习惯、思维特点、知识经验，紧扣课程标准对教材进行整合和处理，将教材的各个知识点综合起来，灵活地使用教材，设计新颖的教学过程，实现教学效果的最大化，学生则成为教师开展教材多维度开发的最直接受益者。

其次，教师参与教材开发可以强化课程意识、改善课程体系以及提升自身竞争力，培养教学科研能力。

科研水平是教师专业化发展不可或缺的因素。好的英语教师要具备将教学与科研融为一体的能力，即教学为教师带来启发，教师可从教学过程中挖掘研究课题或是验证理论，据此进行试验。科研则可以确保教师的教学兴趣，确保教学的科学性、前沿性和时代感。

教师科研越来越成为教师竞争力持续增强的重要手段。教师科研对教育决策科学化提出了要求，对提高教师素质很有必要，更成为推动教师专业水平不断提升的有效手段。教师科研具有强烈的价值取向性和鲜明的实践特征，它既是对传统学术观和治学方法的挑战，又是教师自我更新的过程。一名教师只有持之以恒地不断提升科研品位，才能获得长足发展；一名教师唯有走上科研的道路，才能使教育教学工作再上新台阶。教师作为一种特殊职业，其基本要求就是要具有较高的学术素养和研究能力。成熟的教育专业人员，除了要具备终身学习的能力素养，还应该成为教育教学研究者。教师科研的最大特点在于教学科研和教学实践的一体化，其具有较强的实践性、实效性和实用性，注重对教学经验进行归纳、提炼和升华。如果将学生和教学活动作为研究对象，那么教室就是实验室，而教师则是以研究者的身份而存在，实际工作场景中常会产生各种研究问题，教师需从实际工作场景出发研究解决策略，并根据场景需求时刻进行测试和修改。

教师钻研教材是教学与科研相辅相成的最好方式，即为教学而钻研，在钻研中教学。

教师能在对教材进行多维度开发的过程中不断提高自身的教学科研能力。教学科研能力主要包括教师发现问题并恰当选题的能力，查询文献、阅读文献并对研究过程进行设计的能力，对搜集到的资料进行整理分析及文字表述的能力。教师在对教材进行多维度开发的过程中，需要不断探究课程目标如何根据培养需求而设定并通过教材以体现，需要研究如何保证课程目标在实际教学中的有效实施，从而不断深化对教材的编排理念和对课程的理解。教师在对教材的多维度开发的行动研究中发现有关教材和课程体系建设的研究问题，通过对发现问题的思考，选择有现实意义的、有预见性和创造性的可行性问题，并查阅相关资料，迅速、准确地找到所需要的资料，进行有目的、有重点、有选择的阅读，并对研究的过程进行设计，对整理后的资料进行逻辑和统计分析，努力发现所研究的事物的本质和规律，在此基础上再把自己潜心研究得出的新认识、新思想、新办法等诉诸文字，撰写教学科研论文或报告。教师在这一开发过程中，不仅加强了自身对课程的理解，更重要的是逐步形成了课程开发意识，不再处于“国家课程论”的思维定式中，开始对课程的发展和建设进行积极思考，发现有研究价值的课题，系统地学习相关理论知识，探究解决方法，在完善课程建设的同时也实现了自身教学科研能力的提高。

最后，教师在对教材进行多维度开发的过程中，通过协同合作，为自身的专业发展营造了良好的氛围。

教师的专业发展不仅仅是教师个人的事情，还需要教师群体的共同努力，更需要外部制度、环境等给予支持。

对教材进行多层次、多角度、立体式的研究与开发，需要群体的力量。同时，由于教材的多维度开发过程不是一个对以往经验进行剪切粘贴的过程，而是一个理性的促进教师专业发展的过程，因此，为了达到开发的目的，教师群体之间应共同分享经验和研究成果，一起探讨问题的解决途径，大家各抒己见，畅所欲言，取人之长，补己之短。教师的群体科研意识增强，教研的积极性和主动性就会被大大激发。对教材进行多维度开发，为教师提供了交流和学习的平台，营造了一种民主、平等、和谐、宽松的，能引发思维碰撞和情感交融的良好的教研氛围。

总之，英语教材的多维度开发，使英语课程更加贴近学生的需求，最大限度地促进学生的个性发展和综合英语语言能力的提高，同时，教师也提高了教学和科研能力，改善了教学效果，强化了课程意识，积累和巩固了专业知识，提高了课程开发能力，促进了自身的专业发展，在教材开发过程中获得了全新的体验，提升了自我价值，满足了实现自我的愿望。

（二）教师专业发展对多维度教材开发的促进

教师在教材开发过程中发挥着主体作用，教师本身的素质如何，决定其对于教材理解与把握的水平，最终影响教材开发的广度、深度与精度。从这一点来看，教师是决定教材有效开发程度的决定性因素。通过累积教学经验，提高自身教学理论运用能力，强化自身教学素养水平，实现教学能力与科研能力并重，教师可以在实现自身专业发展的同时，有效促进自身对教材的多维度开发。

三、基于多维度教材开发的英语教师专业发展的途径

（一）全面有效地使用教材

在教学过程中，教材是教师开展教学的“法宝”。教材在推动教师职业生涯发展、学术科研活动能力发展、教学技能个性化发展等方面，发挥着重要的基础作用。教材是实施教学过程及活动的载体，由教学大纲和教学计划形成的知识内容与教学目标，即为教材的组成部分。从知识呈现方式来看，教材是对教学法的体现和运用。教师能否正确认识教材，决定其能否正确运用教材。因此，教师要想实现专业发展，就必须细读或深层次研读教材。

在教学维度层面，教师在实际使用教材的过程中主要涉及三个方面：第一是对教学目标、内容的认识和权衡；第二是就教学环节、方法展开构思处置；第三是反馈教材联系性，并对整本教材使用效果及体验进行整体归纳总结。这三个方面揭示了教师运用教材的大致过程，即对教材的理解判断，从中得出教学目标、精选教学内容；组织并运用教材，采用教学方法，合理安排教学活动环节；以预设与反思相结合的方式检测教学效

果，总结教材使用过程中的经验和教训。教师会结合上述三个方面具体使用教材。

教材体现了编写者的课程理念与教学思想。通过多维度钻研教材，教师不仅可以知道“教什么”和“怎么教”，还可以了解“为什么这么教”。在对教材进行多维度钻研时，教师不仅作为“实践家”而存在，还会朝着作为“理论家”的方向发展。教师在使用教材时，也是从体验出发，直观过程逐渐提升为理性、有意识的过程，由此推动个人专业能力逐步发展。

1. 探究教材体现的语言学习规律

学习英语教材本质上是学习语言知识内容，英语教材隐含着教材编者关于语言学习规律研究的基本思想。一般情况下，英语教材中促进语言习得普遍采用以下两种方式：一种是直接展示语言现象、说明语言规则、解释语言运用，再设大量习题；另一种是将大量的语言实践活动编进教材，让学生大量地运用英语，并在运用过程中去接触、理解和掌握语言。通过分析和研究教材，教师可以探索出教材中蕴涵的深层学习规律，从而判断编者使用的演绎或归纳过程、综合学习过程或分析学习过程、过程导向或结果导向等方法。基于此，英语教师通过协助学生创设模拟目标语境，发挥教师指导性习得功能，积极激励学生开展语言实践活动，以此引导学生语言习得。

2. 学习教材采用的语言知识学习与技能培养的教学方法

现代外语教材编写原则往往反映了一定时期内的学科前沿理论与语言教学思想，以及当时语言学习与技能培养的主流方法。然而，这常常不为使用教材的教师所察觉，造成实际教法和编写原则不符。在实践中，很多教师以教材上的文本为语言知识载体，把对文本的学习过程转化为对文本语言点进行解释。这些教师认为，只有在讲解语言点的基础上才能让学生学有所得，更好地理解课文。其实，这种观点或看法是存在一点缺陷的。首先，学语言不一定要学语言点；其次，阅读应以发展学生阅读能力为目标。教材可以集中反映编者的教学思想与方法，教师对其进行综合而有效的利用，可以充分发掘教材中所隐含的教学要素，从而对教师处理语言知识与训练技能进行方法指导。教材内设置的“任务”版块是教师理解教材设想的“一扇窗”，教材设计者对语言学习最佳途径的假设，也正是经由课堂任务这一本质才得以明确，师生各自承担的角色也因此被定义。教材内设计的任务或习题，常常折射着编制者对学习过程的看法。

教师对教材进行钻研，能够从中分析并指出教材内容蕴涵的教学理念，更好地领会教材编写者的意图，掌握编写者提出的教学方法，以推动自身专业水平不断提升。

3. 理解教材中语言材料的选择思路

如何从大量的语言素材中选择一小部分材料供学生学习，是教材编写者首先要考虑的问题。入选教材的材料通常要从语言材料的代表性、真实性和人文性等方面来考虑。对入选教材的材料进行细致分析，学习和探究材料入选的理由和原则，能帮助教师在整合教材资源、设计课堂教学、增删教学内容时提供方法指导，同时，也是教师进行校本教材开发和编写的有效学习途径。

4. 理解教材如何帮助学生发展自主学习能力

“自主学习”是以人本主义心理学和认知心理学为基础发展起来的一种全新的学习理念，也是当代第二语言习得领域的一个重要课题。国内外学者对自主学习进行了广泛的研究，并在诸多层面上取得了卓越成果。其中，理想的促进自主学习的材料具备的特性包括以下几个方面：有明确的目标、有意义的语言输入、材料的灵活性、学习指导、语言学习建议、反馈与测试、保持学习记录的建议、参考材料、索引、动机因素、进步的建议。自主学习环境的五大因素包括：人（教师等）、资源（教材等）、管理（系统的组织协调等）、个性化、目标设立与监控。由此可见，教师和教材都在自主学习能力的培养中起着重要的作用。学生自主学习能力的培养关系到学生个性化学习、创新学习和终身学习能力的发展。因此，教师通过合理使用教材，不仅能充分理解和挖掘教材对学生自主学习能力的作用，更能把教材体现的自主学习理念运用到实际教学中，形成以学生为主体，教师为主导的新型教学模式。

教材对学生自主学习能力的促进主要体现在两个方面。

首先，教材可以为培养学生自主学习能力创造条件，提供材料支持。教材成为教师讲授教学内容的资料来源；成为学习者运用理论知识开展实践活动的交际来源；成为教师组织课堂教学语言活动的灵感来源；成为学习者学习词汇语法等知识的参考来源。自我学习与自主学习所使用的资源，体现了设定学习目标的纲要，对自信心需要增强而经验不足的教师起到了辅助作用。教材将课堂、学习者与教师三者紧密联系起来，并从中提供教学活动所需的资源，它创造条件让学习者进行自主学习，服务于学生自主能力发展。

其次，教材可以帮助学生养成良好的学习习惯，产生行之有效的学习策略。学习策略是指学习者为有效地进行学习所使用的方法、技巧和步骤。学习策略通常可分为元认知策略、认知策略、社会与情感策略三大类。教材可以为学习者提供特定的社会、文化和教育等方面的语境。体现自主学习理念，并作为自主学习对象和与学习者进行交互的主要素材，教材满足了学生所要表达的要求，通过对内容进行精心的组织和编排，促使学习者自主地进行学习。教材在一定意义上发挥着传统课堂上教师的部分功能，激发学习者的思维，有利于学生养成良好的学习习惯，为学生提供多种学习策略与建议。

教材和学习者进行有效互动，可以培养学习者主体的策略意识，增强学习者的自主能力，开发学习者自主运用语言知识的思维。教师训练学生自主学习，其实就是训练教师自主学习。教师已由过去主要讲授知识转变为如今主要引导、辅导学生学习，在学生建构学习体系中发挥着帮助与指导作用。教师在教学中感悟教材中所隐含的自主学习理念，并将它与课程内容相结合来激发学生学习的兴趣，努力创设与教学内容相一致的情境，提示新旧知识间的线索，帮助学生对目前已学知识进行意义建构，有条件地组织与引导合作学习，使这一意义建构更有成效，即培养学生自主学习能力，增强教师自身专业素养。

（二）开发和编写教材

就我国目前的情况来看，英语教师在教材编写过程中并没有发挥出应有的作用。究其原因，主要有四点：很多外语教师认为，编写教材与自己无关，编写教材是教育主管部门和教材出版部门的职责，不是教师的职责；有关教育主管部门不鼓励教师甚至不允许教师编写和出版教材；大多数教师不具备编写教材的能力，也不具备编写教材的资源；即使教师编写了教材，也可能不能出版。

而事实上，教师作为教材的第一使用者，作为实现教材编者与学生之间知识传递的桥梁，对开发和编写教材具有得天独厚的优势。

教师在教材编写的过程中，通常必须考虑以下问题：围绕这门课程有哪些先进的语言理论、学习理论和教学理论？指导教材编写的课程要求是什么？教材如何平衡发展听、说、读、写这四项语言基本技能？使用该教材的教师如何开展形成性评价和终结性评价？教材该如何照顾学习者的个性差异？教材是否考虑了教师教学和职业发展的需要？使用这本教材需要什么样的支持性教材材料和教学资源？而通过这些问题的考虑，教师对该门课程会有透彻的了解，而个人的科研和教学能力也会得到锻炼和提高。

（三）参与课题研究与课程建设

谈到科研，教师们常认为那是科研人员的事。其实不然，科研是每位教师分内的事，是每位教师心灵深处的需要。一名教师只有走教学和科研相结合之路，才能将教育教学工作提高到新的境界。亦教亦研，才能常教常新。一定的教研能力是教师专业水平持续发展的保证，教师要实现专业的成熟，除具备娴熟的教学基本功之外，还必须对教育教学有所研究。

对教材进行多维度开发，不仅能帮助教师摆脱对教材的过分依赖和崇拜，积极、自主、合理地选用和开发教学资源，应对教学情景中的种种不确定性，同时还能帮助教师发现教学实践中存在的一些具有研究价值的课题，参与课题研究，还能不断丰富自己的课程知识，逐步培养课程意识，完善课程建设。而参与课题研究和课程建设，又可以提高教师的士气，增进教师对学校课程的归属感，提高教师的工作满足感和责任感，使教师对教学和科研有更多的投入，并重建教师的知识观和教师与学生之间的教育关系，形成良性循环，促进教师专业的发展。

四、多维度教材开发的步骤与具体方式

（一）多维度教材开发的步骤

对教材进行多维度开发，通常要遵循以下步骤。

首先，教师要认真研读和把握课程标准。课程标准能够为教师的教

和学生的学提供语言观、语言学习观和语言教学观的规范性指导。课程标准通常会对课程性质、目的、要求和任务等作明确阐述和规定。教师应该以课程标准作为教材开发的基本指导思想，因时因人因地灵活使用教材。

其次，教师必须明确教学目标，结合教学对象对教学目标进行细致的诠释。教学目标的制定过程实际上就是一般性目标向特点目标的具体化过程。教师应根据学科目标、课程目标、学生认知水平、知识技能水平、学习动机、学习风格、学习期望及实际课堂教学情况，对教学目标进行描述细化。之后，教师应以教学目标为指导，从原则、方法、维度策略与技巧等视角对教材内容、结构进行调整与处理，并以此为依据，确定教学策略和教学方案，精心设计课堂教学过程，并编制教学课件。在教学过程中，教师可以随时收集学生反馈建议，结合实际情况适时做变通调整，落实教学评价制度。

（二）多维度教材开发的具体方式

1. 增删、整合教材内容和教学资源

在英国，英语教学方面的一些专家着重指出：如有需要，教师可将教材按四步处理，即删除、替换、补充与改编。也就是说，教师可删去课本中不合时宜的部分，然后挑选对学生有用的教学材料进行代替，增加教学活动与教材内容的衔接力度，以培养学生的实践运用能力，让学生更易于掌握和理解教材内容。

教材编写者编写教材时，一般都力求内容与系统的普适性，并非针对某个学生群体。教材在内容、体系等方面，不可避免地会和某些学习群体的要求产生偏差。因此，教师在运用教材时应该充分考虑学生群体的特点与需要，重新安排教学内容，提高教材在这一学习群体中的适用性。同时，为了更好地发挥教材应有的功能，教师可根据实际需要，适当删改教材内容，合理整合教材与教学资源。

（1）补充与删减教材内容

对教材内容进行补充与删减，是教师在处理教材过程中经常采用的一种做法。当然，教师在教材内容上的增补与删减并非仅凭个人爱好就可以随意确定，而应明确补充与删减的目的，并且要从形式内容上确保教材经过教师加工之后，仍能达到教材编写规范、课程标准和学生需要。一般情况下，教材内容的补充不外乎两方面的目的：第一，使教材的内容与体系

更加完备、全面；第二，要让教材更切合学生需求，让教学内容更贴近学生实际生活，增加教学内容的趣味性。即补充教材内容以弥补原教材选材的缺陷，通过补充内容使教学内容更加适应教学情境及学生实际，激发学生的学习兴趣。

英语教师在什么情况下才能补充教材内容呢？在实际教学过程中，常表现为以下几种情况：课程标准规定学生应掌握的知识，但教材未反映出来或者反映得不充分时；教材内容编排顺序与学生学习实际不衔接时；教材内容未能充分被学生理解和掌握时；校园内外或国内外近期热点事件，与学生生活息息相关或与学过的知识有一定关系时。比如，在英语课堂中向学生介绍相关的英语文化背景知识，使学生对以英语为主要语言的国家或民族的文化背景有所了解，包括历史人文面貌、生活观念习俗等，帮助学生正确理解并运用英语词汇语法，并及时掌握这些国家的文化。

删减教材内容是一种与补充教材内容相反的做法，即教师将那些不能满足教学需要的、不适用于学生实际情况的部分进行删减。我国地域辽阔，东部沿海开发地区与西部地区学生的英语接受能力差异较为显著。如果是统编教材内容，在选材时就会很难充分兼顾地域差异，这样有可能影响学生对于教材内容的掌握和学习程度。所以，教师需要依据学生的学习层次以及接受能力，有针对性地删减教材中的某些内容，或者寻求更恰当的材料予以补充。

（2）整合教材和教学资源

教材内容的整合既包括教材内部某一单元知识的整合，还包括不同单元之间相同或相近知识的整合、不同版本教材内容或不同学科知识的整合。而教学资源的整合则是指教师对所拥有的各种资源根据实际的教学需要进行筛选、重组和利用的过程。整合教材和教学资源能使教学更切合学生实际的认知水平和兴趣，使教学内容更容易为学生所接受。

2. 及时调整教材编排顺序和教学进度

教材编排顺序的调整包括单元之间的顺序调整、单元内课程之间的顺序调整，也包括课程内容版块调整等。尽管教材在编写上存在着由易到难、循序渐进的编排方式，但难易程度并无绝对标准。教材编写者在编排教材内容的先后顺序时，也缺乏一个客观标准。这就表明，教师可根据教学需要适当调整教材顺序，或是将各教学内容版块加以整合，或是重新编排教材顺序，以便更好地为教学效果服务。

教师按照教材内容事先安排好教学进度，即教学计划。但是，教学活动有时会与教学计划脱离。另外，学生主观能动性和不同教学内容也对教学计划的执行有影响。教师可根据教学内容的难易程度以及学生对教材内容的理解接受情况进行适当调整，推进或延缓教学进度。这就要求教师要在教学的过程中积累经验、熟悉教材，了解班级的整体情况以及学生的个体情况，在教学过程中积极实践，使其达到最佳效果，让每个学生都学有所得，实现预设目标。

3. 课堂教学设计与教学课件的制作

教学课件就是按照课程标准（或教学大纲）的要求，对教学目标、教学内容、教学任务以及教学活动进行分析，并对所呈现的教学内容、课程结构以及课件界面进行精心设计和制作，是一款课程软件。现在，通常将课件称为多媒体课件，即在按照课程要求与教学需要进行严格教学设计后，以多媒体为表现手段，采用超文本结构制成的课程软件。

当前，信息技术呈快速发展趋势。传统的“黑板+粉笔”教学模式相较于现代信息教学模式，存在一些不足之处，课件制作能力已成为教师专业发展中不可缺少的组成部分。教师要在全新的教育理念之下，利用教育设施和教育资源信息化的手段，将“学生是主体”理念体现到课堂设计之中，提升学生的能力。

课件中涵盖了多种信息素养，它是多媒体技术模式下教师智慧与能力的表现。教师细读教材，把教材内容转化为可以操作的教案、课件，在教学实践中对课件效果进行评测，找出有待完善之处，然后运用有关理论知识，对课件进行修改，从而形成一个良性循环往复的过程，最终使教学水平不断得到提高。

制作多媒体课件是将教育、技术、艺术等多种学科综合应用呈现的过程。好的课件设计、制作不仅需要教育科学的理论指导，还需要教师有较高的教学水平和过硬的技艺表现，把教学内容和多媒体的表现形式紧密结合成一个整体，从而更好地为教学服务。课件的设计和制作应以“它源于教材，又高于教材，还原于教材”为原则。源于教材就是指课件中的主要信息基本上都源于教材。教师在教学中应以教材为纲领，吃准、吃透教材，抓住教材主题、重点内容。课件的开发应服从并服务于教材，与教材内容

遥相呼应，而不应该是教材“搬家”，不应该将教材内容全部搬到课件中去。“高于教材”是从表现形式方面对课件提出的要求，虽然教材内容是文本信息，容量与表现方式都很有限，但是多媒体课件能够传达听觉、视觉等多种信息，与传统教材相比更直观。此外，还应该看到教学方法与手段始终是为教学目标服务。就教学过程而言，不管运用什么样的教学方法与手段，其最终目的都在于较好地达到预定的教学目的。

第四节　综合性素养提升与发展

教师在课堂中扮演的是教育的实践者、学习的决策者和教育的改革者的角色。所以一支高素质教师队伍的建立，能够在基础层面上保障对英语专业的教学改革实行全方位的推进和深化。教学质量得到提高的关键在于教师素质的提高，而这对于英语课程建设与发展也极为关键[①]。所以帮助英语专业教师提升各项素质非常重要。这个时代也对高素质的英语教师有着很大的需求，要想培养出素质高、质量好的国际化的复合型人才，首先教师就应该把自身综合性素质的提升作为一项重要的事情看待。

一、高校英语专业教师思想道德素质的提升与发展

在教师资格的获得中，有一个条件十分重要，那就是教师应当具备较高的政治思想水平与良好的道德修养。教书育人是教师职责之内的一项任务，而要做到为人师表、做好育人工作，教师就要有良好的思想政治觉悟，有高度的职业道德修养以及对教育事业的热爱之情。在教师个人的素质中，思想道德素质发挥着支配和核心的作用，它是教师为人处世的根本要求。

英语专业的教师不仅要在教授学生们语言知识的时候表现出自己良好的思想道德素质，还要在日常的教学过程中融入自己的良好的思想道德情操。这样有助于学生理解何为做人的根本，提升为人处世方面的各项技能，使道德素养、理想信念、意志品格逐步在自己的人格当中实现内化，这样才有助于学生养成对社会发展、对自身发展都有益处的良性的人生

---

① 教育部高等教育司. 大学英语课程教学要求［M］. 上海：上海外语教育出版社，2007.

观、价值观、道德观。时代发展到今天，人类的传统价值观受到了巨大的挑战，外语教师在开展教育的过程中，其教育的范畴已经明显地突破了曾经的单一认知领域，教育的范畴已经发展到非认知领域，例如，情感、道德、意志与行为等。这就必然要求教师对于自身的人格素质必须要有意识地、积极主动地进行优化，以自己的高尚情操感化学生，使他们的灵魂得到净化，做到既要传授知识又要教育学生为人处世的道理。当教师具备了优良的道德品质和崇高的人格时，就会让大学生对教师产生敬重感，并对学生产生积极的影响，这在学生的成长与发展过程中起着举足轻重的作用。

英语专业教师要实现对英语专业教学改革的推动，就必须将自身的道德素质不断提高，让自身的思想品格持续完善，关心爱护自己教育的学生，利用自己的人格魅力来感化他们，并且引导学生学会分辨事情的对错，学会待人接物的方法，使学生在潜移默化中形成正确的世界观、人生观和价值观。大量的事实表明，学生能够在优秀的教师身上受到其人格魅力的感化和影响，并形成良好的人格品质。

二、高校英语专业教师业务素质的提升与发展

教师在教学中的最基本的责任在于：传道、授业、解惑。英语专业教学旨在学生能够提高自身的英语语言素质，使自己在实际生活和工作中对英语的运用能力得到增强。它要求教师在英语专业的业务素质上具有良好的水平。而教师的业务素质要求在英语专业教学改革的背景下被进一步强调，因此教师在业务素质方面的提升将会变得非常关键。

（一）专业知识水平的提高

英语专业的教师，其自身对英语的熟练程度以及交际能力，是教师首要应当具备的能力。因为英语教学质量高低正是受到教师英语水平和熟练程度的影响，所以教师应当首先做好英语语言基础知识的掌握，即英语教师应当掌握深厚的英语词汇、语法和语用知识，具备扎实的阅读、写作、听力、口语和翻译等能力。这就需要英语专业教师不仅要在平时的教学过程中，对自己的语言技能进行不断地提升，还要自觉主动地进行大量的听说读写方面的练习，使自身的英语能力能够一直保持。

除此之外，英语也是一门在国际上广泛使用的语言，因此英语教师也应该对英语世界中的文化知识有一定的了解，这样才能使语言教学和文化教学建立密切的联系，让学生既能够学习英语的语言知识，又能了解英语国家的文化，使其文化交际能力获得不断提升。并且英语教师也要在教授学生的同时通过不间断的学习实现自我提升。

（二）教学方法和手段的提高

当今英语专业的教学对教师的教学方法与手段提出了更高的要求，传统的那一套已经落后于时代的发展。英语教师仅仅是照本宣科地将教材里的知识原封不动地传授给学生，已经成为现代教学中最为忌讳的事。然而一部分英语教师仅仅是达到“能教”的水平，仍不属于“会教”的行列之中。为了英语专业教学改革目标的实现，教师要借助于多媒体教学手段，将自身的教学方法变得灵活多变，将课堂上学生对听课的积极性充分地调动起来，让学生的想象力与创造力得到切实的培养，从而增强学生们的英语语言综合应用能力。

（三）科研水平的提高

实行素质教育是英语专业教学改革的重点所在，英语教师又是实施素质教育的关键之处，而科研又是提高英语教师素质的关键。通过对科学研究的不断深入，英语教学的理论研究得到了不断的完善，为了使英语教学的水平得到提高，需要开展科学研究，使教学和科研有机地结合起来。在当前这一阶段，英语专业教师要处理的工作比较多，导致他们缺少精力来进行科研；另一方面，许多教师对教育科研没有一个正确的认识，他们认为科学研究是很神秘的、很深奥的，只能由专门从事教育研究工作的专家来进行研究；还有一些教师认为教书是他们职责之内的事，而科研则不是英语教师的职责，对于英语教师来说科研属于干与不干皆可；更多的教师则认为做科研耽误时间、不能让精力集中在教书上，害怕耽误了教学，因而将科研与教学放在了对立面，也导致了教师在科研上的水平不高。因此，要想使英语专业教师在教育科研上的水平有所提升，就应该根据教师的实际工作情况对教师的教育科研目标进行正确的定位，并通过理论学习和个案分析、参与专题研讨会及其他形式的教育科研逐步增强英语教师在教育科研方面的能力。

三、高校英语专业教师身体与心理素质的提升与发展

教师身心素质的强大是英语专业教学获得成功的重要保证，这需要英语教师拥有恰当的言行举止和强大的心理素质。教师的言行举止能够在潜移默化中使学生受到教师人格魅力的感染，因此教师应当在学生面前展现自然、稳重的仪表仪容，大方、得体的气质风度，并且还要保持亲切、热情、积极、乐观的精神。同时，敏锐的观察力、丰富的想象力和灵活的思维能力也是教师应当掌握的能力，教师还要对学生的个性特征和兴趣爱好进行观察和了解，这有利于教师因材施教的教学方针的开展，让英语课堂的氛围变得更加活跃。而营造轻松活跃的课堂氛围则需要教师在日常的教学中能够与学生进行充分的交流，构建和谐友爱的师生关系。这同样对学生学习热情的调动发挥着巨大的作用。教师应该用宽广的胸怀和包容的心态来接受同事与学生对自己产生的不同意见，做一个严于律己、宽以待人的好教师。

第五节　进阶性英语教师评价

当前是信息时代，英语教师也需要乘上信息时代的浪潮，把握新时代的脉搏，运用先进的信息技术来不断改善教学与科研的方法，适应新型教学与科研模式，评判英语教师能否持续发展自身职业，要客观地思考他们在英语教学领域中取得的进展以及对当下出现的各种新式教学模式的适应能力，通过这种方式促进英语教师在专业上获得进一步成长。信息时代的英语教师自身既是一名教育者，也是一名学习者，英语教师应如何对其专业发展进行客观的评价？对于自己的要求又有怎样的提高呢？这一切还需要具备一个客观的衡量标准。

一、进阶性英语教师评价的概况

对进阶性英语教师的评价是基于教师自己的判断和相关事实进行的，它不是臆想的、没有根据的。一名英语教师在自身专业寻求发展的过程中会遭遇各种积极或消极因素，这都需要在进阶性英语教师评价中得到客观的呈现，并且给予的评价也应当是恰当的、合理的。而且还应该由多个主体通过整体性的角度来观察和评价，保证评价是综合性的而非单一性的。

那么，这样的评价就必须拥有相应的理论作为指导，在理论指导的作用下，可以保证评价动力的具备。而发挥评价动力同样需要合理的策略来支持，理论指导也同样解决了这方面的问题。评价全程结束后，适时地分析所获取的各类评价数据是十分有必要的，通过对这些数据的分析，能够对教师在专业发展中展现出的优势和不足进行客观的反映，进而不断促进教师向前发展，这就是通过评价来促进发展，反过来又可以推动评价体系进步的有力证明。

（一）进阶性英语教师评价的理论基础

英语教师可以利用进阶性英语教师评价帮助自己在自身的专业上进行不断的改进、提高和发展。通过这一评价体系，教师能够从中发现自己的不足并进行工作上的改进，提升工作的完成质量，使自己获得进一步发展的空间。成长的主体是这一评价体系对英语教师的看法和定位。在这个评价体系中得出的评价是依靠对收集上来的信息进行系统性的分析生成的，然后，通过价值判断来衡量评价者在评价活动中的表现以及英语教师在教育活动中的表现，促进二者能够实现协调发展。该理论中包含了以下理论假设。

第一，从英语教师的角度出发来分析，外部的压力远远比不上内部的动机对人的激励作用。自我激励是像英语教师这样接受了较高水平教育的人的主要激励方式，外在压力能让其抵达最低的标准；而要展示优秀的表现还得依靠内部的激励。

第二，英语教师如果能从评价中筛选得到充分的资料信息和宝贵的合理化建议，在学校给予他们改善自身工作以及提升工作质量的机会之后，就能够达到他们对英语教育所期望的发展目标。这些接受过高等教育的英语教师，有能力按照新情景的需要对自身具备的能力进行调整。

第三，英语教师是一名专业的教育领域的工作者，这个职业要求他们应当具备很高的工作积极性，同时要对学生负责。如果英语教师能完全满足工作对他们提出的要求，其创造力将被大大地激发出来，教学科研水平也将取得大幅度的提高。

无论是国内的还是国外的实践例证，进阶性英语教师评价的实践都证明了只靠外部性的奖励或惩罚，并不能实现提高教育教学质量的任务目标，还需要重视对英语教师开展专业进阶性评价。只关注外部性作用在实际教学过程中，还会遭到英语教师的抵制，甚至还会产生相反的效果。面向英语教师专业发展的评估旨在促进英语教师在专业能力上的自我提升与自我实现，其目的是对所有英语教师产生相应的影响，而不仅仅是对少部分的不够称职的英语教师以及工作中容易出现问题的英语教师产生影响。身为英语教师，他们中的大多数在事业心和责任心方面都表现得非常强烈，他们心中总是想将自己的教育工作做到位，想在学校领导的帮助下在英语教育方面取得更大的成功，并在这个过程中使自身的能力也得到成长与发展，而不是想收到对其工作等级进行简单判断的一份报告。所以，激励才是评价的真正功能，而不是惩罚。一份客观的评价还将直接关系到评价的公正性和不客观评价所带来的影响效果。有了这一理论的指导，进阶性英语教师评价才有可能向着系统化、正规化和客观化的方向不断迈进，从真正意义上实现评价的目的。

（二）进阶性英语教师评价的动力分析

人类所有自觉的创造性活动的出现均是通过某种力量的驱动，进阶性英语教师评价亦不能免俗。让英语教师们参与和进行评价活动，需要依靠英语教师评价动力进行推动。目前，对于这项评论活动，推动英语教师参加的作用力有两个：一是外部世界产生的动力，二是内部世界产生的动力。外部的动力通过赞扬、奖励和惩罚等外部的压力促使英语教师投入评价中去，英语教师只能处于被动发展的状态；内在动力指英语教师以自我实现、自我完善、自我发展的意识为动力参与到评估中去，并通过评估积极主动地谋求其专业发展。

1. 英语教师的主体地位——进阶性评价的内在动力

艾曼贝尔是美国的一名心理学家，他对许多环境因素进行了大量的验证，如外部监督、评价和奖赏等对人类创造性的发展具有危害性。英语教师工作是一种不仅带有很强的创造性，而且还具有极大的挑战性的脑力劳动。因此英语教师的人格有时会被一些外部压力所限制，导致他们的创造精神与思想受到压制。英语教师普遍接受过高等教育，在自我激励、自我调整与自我提高方面具备较强的能力，能通过对客观的评价进行分析，使自身对专业发展的需求得到满足、自我价值得以实现。英语教师能够有效发挥评价实践中的主体性作用，这是英语教师积极参加评价活动的内在动因。

研究人文主义哲学的学者们认为，在人类各项特征中，自我成长、自我实现和自我超越是人与生俱来的特质。人们总是为了实现自我成长、发展自我能力进行着顽强的努力。而麦格雷戈在Y理论中则给出了相左的观点。

第一，普通人并非生下来就不喜欢劳动，劳动时体力与脑力的消耗如同游戏与休息那样自然。劳动可以让人产生满足感，这种情况下，人们就会主动地去完成工作；劳动也可以是带有惩罚性质的，所以在这种情况下，只要条件允许，人们就会产生脱离的想法。究竟是何种情况，取决于周围环境。

第二，为了组织目标能实现，并且督促人们不断向着目标努力，外来的控制与惩罚并非是唯一解。这甚至会给人们带来威胁与障碍，让人们走向成熟的步伐减缓下来。人们还是更愿意通过自我管理、自我控制的方式，以达到应当完成的目的。

第三，组织对人的要求与自我实现的要求其实是不发生冲突的，如果人遇到了合适的机会，他就能实现个人和组织在目标上的统一。

第四，普通人在合适的情况下既要学会接受自己应当承担的责任又要学会寻求自己可以承担的责任。逃避责任、缺乏抱负和对安全感的重视往往是人们根据自身经历得到的总结，与人的本性无关。

第五，在组织面临困难需要解决时，大部分人都能够迸发自身的智慧和创造力。

第六，一般人的智慧在现代工业生活的条件下，只能发挥出一部分潜能。

通过上文的叙述，学校应该针对教师实施相应的管理措施，促进教师对应的专业得到更好的发展。

注重管理职能。学校的重要任务，在Y理论假设中被认为是营造一个合适的工作环境，能够让人施展才华，能够促使英语教师的潜能被激发出来，并能够让英语教师自觉主动地贡献出自己的力量，以完成学校制定的目标。在这种情况下，学校已经摆脱了指挥者、调节者或监督者的身份，转而成为一个辅助者，为广大英语教师提供了侧面的支持与帮助。

激励方式。Y理论认为，从工作本身获得的内在激励是人们所感受到的激励的主要来源，这种激励能够促使人愿意承担更加富有挑战性的任务并承担更多的工作职责，从而推动人们在工作中取得成就和自我实现的满足。

管理制度中，学校将更多的自主权赋予英语教师，让他们进行自我控制、参与学校的管理与决策，学校和教师共享管理学校的权力。

人们性格中带有的好逸恶劳，并不是与生俱来的。人们的行为都是由自身的动机决定的，如果创造了一些能够让英语教师感受到刺激的动机的条件，英语教师就会开始主动积极地工作，并且期望自己的工作能够获得成功，从而既实现学校制订的整体目标，又实现自己在英语教育事业上的追求。作为一名专业的教育工作者，英语教师专业化就是英语教师在教育教学工作中想要实现的职业追求。英语教师专业化是指英语教师通过专业组织接受终身专业培训的过程，收获教育专业所需的知识与技能，落实专业自主，彰显自身的专业道德，逐步使自己从事教育事业的各项素质得到提升，实现做一名优秀教育专业工作者的职业发展历程。对英语教师而言，在他们的职业生活中，最基本的构成部分是他们的教学工作，英语教师对教师这类职业的感受、态度和专业水平的发展都会受到教师们教学质量的直接影响。

现代教育理论不仅强调了学生的成长需要教育的保驾护航，还进一步强调了教育的过程就是教育者对职业理想和目标的不懈追求，并最终实现这些理想和目标。教学的根本宗旨是依靠知识转移的帮助，将隐藏在知识后面的意义、价值和功能传授给学生，去实现对学生成长与发展的进一步指导和促进，所以英语教师对自身的职业理想不懈追求的历程也正是学生不断成长和发展的过程。英语教学构成了英语教师的生命活动，对于这些英语教师而言，教学不仅仅是出于对学生的成长和发展的奉献与付出而进行的，也不仅仅是为了完成上级领导交付的任务，而是展示教师自己生命的价值，同时也实现了对自我素质的提升和发展。

英语教师的不断自我发展也是现代教育所必须的，这一过程是在学校和学生的发展中实现的。英语教师要想获得高质量的教育，就必须提升自己的生命质量；英语教师只有让自己的心灵获得了解放，才能促使学生在心灵上得到解放；英语教师只有不断积极主动地追求实现对自我的发展，才能促进学生主动地追求自我发展；英语教师只有对教育不断地进行创造，才能促进学生创新精神的发展。管理学和心理学理论中的一项理论——关于“个人在组织中的价值”理论，被用在了进阶性英语教师评价中。英语教师作为一个个体，对自身的发展方向和未来前途，他们希望由自己来掌控并且也能够由他们自己掌控，在学校目标范围内通过对自身具备的优势与表现出的不足进行评估，并实现自身发展。这就要求我们使用进阶性的英语教师评价方法，以最大程度地满足英语教师在专业发展上的需求。从心理和社会层面出发，我们应当积极激励英语教师的工作热情和积极性，对他们的职业追求和理想给予支持。即使需要创造条件，我们也应当积极主动地协助他们实现这些追求。

“精神比物质更重要”是许多心理学家和社会学家提出的一项理论。过去的管理理论把人看作“经济人”，他们认为激发人们工作积极性的唯一方法就是钱与奖励。其实，人更多展现出的是其作为“社会人”的特性，他们并非孤立地存在着，他们隶属于某一集体并且会受到集体的影响。对于英语教师而言，他们中的绝大多数并不是仅仅追求金钱收入，在社会层面和心理层面的需要——向往成功与被人尊敬才是更为重要的。英语教师的工作态度也就是“士气”是提高学校英语教育教学质量的关键性因素。士气的旺盛与否往往决定于英语教师对社会、心理和其他需求是否得到满足，并不是完全由金钱来决定。英语教师的斗志越高昂，说明他们内心的满足程度较高，此时他们在教育教学的过程中就能实现高质量的产出。英语教师一旦感到工作成绩与贡献得到了重视与赞扬，自尊心便增强了，这种重要性丝毫不亚于物质奖励，甚至比物质奖励还要有效得多。

人类的需求是全部人类活动产生的原因，需求作为一项内在的驱动力，促进着人类价值取向的产生。就人类基本需求而言，人类的高级需求包括了对尊重的需求与对自我实现的需求，这样的需求也是人类成长的持久性动力。人类在某些方面的需求，能够通过内因性的动机引起的活动获得满足（比如获取知识，满足自尊心，恪尽职守之后心静），并且对于参加者来说，活动本身就是一种奖励，而无须额外的外部奖励或者报酬。外因性动机“外附奖励”（纯粹是为钱或者物质利益考虑）在经济性上以及对英语教师的积极作用上，都比不上内因性动机“内滋奖励”（体验成功感与兴趣）。在学校内的众多要素中，英语教师是其中的核心要素，其个人需求多样，包括生理方面的需求、安全方面的需求、爱的需求、尊重需求和自我实现需求等。进阶性英语教师评价能够持续下去的动力是英语教师对尊重和自身价值实现的需求。英语教师关于尊重方面的需要主要表现为自尊心、自信心，对能力、知识、成就和名誉地位的追求，渴望得到组织和同行的承认和尊重；自我实现的需要表现为喜欢做其适宜做的工作，发挥其最大的潜力，充分展现个人的思想、情感、兴趣、愿望、意志、能力，实现自己的理想并不断地自我创新和发展。

作为一名英语教师，要对自身思维、学习方式、动机、目标和能力方面给予相当的重视，不断促进其提升。英语教师要对自身的发展方向和未来前景有信心，而且要掌握自己的发展和未来。针对自身的优势和不足的评价也要保持在组织的目标范围内，还要在这一范围确定并实现自己在自我发展方面的需要。英语教师在劳动上的动机强化，需要得到恰当的认可和尊重。如果能够满足自我实现的需求，教师就会在下一个更高的目标的实现过程中更加努力。这一评价的主体是英语教师，让他们享受到成功的体验，对他们进行的工作开展科学的判断，将学校发展需求与他们的发展需求结合起来，能够促进他们在职业追求和自我价值实现方面的满足。然而矛盾依旧会在英语教师专业发展与学校组织发展的需求之间产生，矛盾运动的基本特征是：个体发展需要—评价协调—满足需要—新的需要—评价协调—更高的满足需要。进阶性英语教师评价的目的就是帮助英语教师的专业能够在矛盾运动的过程中取得进一步的发展。

以前的评价或许被教师们认为是一种强制性的行政活动，而现在的评价已经不再是了。评价目标的制定、评价内容的确定、评价主体与方法的选择、评价过程的开展等各项评价内容都会对教师的意愿和价值观给予充分的尊重，希望得到英语教师的认可。

2. 奖惩——进阶性英语教师评价的外在动力

英语教师对进阶性英语教师评价的根本动力就在于其自身产生的内在动力，不过外在的动力也具有一定的影响和作用。对于进阶性英语教师评价来说，外在的动力是英语教师参与评价的条件，而内在动力则是其根据，内在动力是外在动力发挥作用的凭依。

别人对自己的评价是外在动力的主要来源渠道，如同事的认可、学校领导的褒奖等。这体现了对英语教师的工作和平时表现的认可。

在管理英语教师的各种方法中，进阶性英语教师评价是一种比较有效的管理方式，带有一定的工具性。学校应采用科学的方法管理英语教师，确保英语教师队伍的质量获得不断的提升。学校对英语教师的管理，可以将评价结果作为管理的依据，以此实施阶段考核、职称评定、奖励、处罚和人事变动等。

就当前我国教育的发展状况而言，完全否定奖惩机制的作用是不够科学的，是不符合现实情况的。对待传统英语教师评价奖惩机制要辩证地看待，进阶性英语教师评价应恰当吸纳其中的积极成分，让英语教师专业的发展受到奖惩的外部激励。对英语教师进行奖励和惩罚并不是评价的目的所在，其目的是对教师追求自身发展的激励，而奖惩仅仅是一种促进发展的手段。通过对先进的表彰，能调动广大教师的工作积极性，提高工作效率。同样的道理，激励的目的就是促进英语教师的进一步发展，要奖励那些取得了进步的英语教师，这能够使取得进步的英语教师产生满足的心理，从而为取得更大的成绩而付出更多精力。学校可以设立各种奖项，包括最佳发展奖、单项发展奖、达标奖等。传统的评价方法对英语教师的考核是以英语教师以往的表现为依据，作出奖励或惩罚的决定。进阶性英语教师评价与传统英语教师评价不同，它将奖惩指向了未来，发展的结果总是与奖惩联系在一起，但是不直接挂钩。进阶性英语教师评价是尊重英语教师劳动的充分体现，这项评价是以占有丰富的评价信息为前提，以双方交流协商为手段进行的。英语教师的评价结论是在充分考虑到了英语教师的个性差异并赢得了被评价英语教师的认可而得出的，所以对英语教师的奖励和惩罚，应当以英语教师的评价为依据，才具有一定的合理性。就长期利益而言，英语教师自身得到专业上的发展和获得学校奖励的基本目标是相同的，专业领域的发展也是对自身的最佳回报。

（三）进阶性英语教师评价动力的实现策略

要充分调动和发挥英语教师专业发展动力，需要调动各种相关的积极因素，真正以英语教师为本位，创造适于英语教师专业发展的良好环境，搭建英语教师专业发展的平台，辅以各种激励措施，发挥评价的积极作用。简单来说，学校或主管评价的单位或部门可以从以下几个方面入手，多措并举，积极创造健康和谐的评价环境。

1. 倡导民主，实施师本管理

在进阶性英语教师评价中，对于英语教师的评价必须追求民主性，要保持评价过程是公开透明的，摒弃其神秘性，这些要求就决定了这种评价动力的产生必须是由下而上的。在管理学校方面，单纯依靠校长的力量是不可行的，还必须在人文观念上坚持以人为本的思想，保持民主作风。对于英语教师而言，对他们的创造性和主体性给予充分的尊重就是评价过程中民主的表现，是领导对英语教师的信任和依赖的证明，要将评价权交还给教师，让他们自己作决定，让他们将自己的工作看成自己的事业。被评价的英语教师唯有在民主的评价氛围里，才会坦诚相待，积极地回应评价结果，并对自身表现出的不足与缺陷进行及时的反思，积极谋求自己在原有基础上的进一步发展与突破。领导者应该摈弃居高临下的评判者角色，转变为诚心诚意的引导者和合作者角色，同时在明确评价目标、评价标准、评价内容、评价要求、评价方法、评价程序时，应举行民主会议向英语教师征求意见，争取获得绝大部分英语教师的认同，以增强广大英语教师参与该项评价的意识，将英语教师对评价工作的积极性调动起来。

师本管理是英语教师在评价中提倡民主的体现。师本管理就是要立足于英语教师，将对英语教师的尊重、信任和培养，作为学校在管理理念上的根本宗旨和最终目标，对英语教师在专业领域的成长给予充分的关注。学校对英语教师主体地位的尊重可以在评价实践中进行充分的体现，使领导和英语教师都拥有评价的权力和被评价的资格。与此同时，学校制定的制度和规则还应当对英语教师的发展和成长具有一定的益处，要“目中有人”，少实行一些强制性的手段，多表现出对英语教师的尊重；少一些对英语教师的怀疑，多表现出对他们的信任。

2. 坚持个体发展目标与学校发展目标并重

进阶性英语教师评价的最终目的是实现学校的整体发展，而通过评价的方法来促进英语教师个人的专业成长是实现目标的手段。英语教师作为一个个体存在于学校集体之中，而学校的构成则依靠英语教师这些个体，二者在利益、需要、规范和追求等方面，存在着许多相通之处。人们对自我价值的追求和努力，其实就是交换和循环个体和社会之间存在的价值。从发展的角度来观察分析，英语教师作为个体在发展目标的制定和规划上与学校既能够联系在一起，也不完全统一。学校通常以共性为视角来观察分析问题，注重共同需求，以共同需求来规范、控制英语教师，在这种情况下，个人需求往往容易被忽略，导致个人的主动性、积极性、生命力，甚至是开发的潜力与目的被扼杀。但这两方面的目标都是不可或缺或相互替代的，应最大程度地发挥个人的积极性和主动性，促使英语教师在成长与发展中，做到诚心诚意地、富有创造性地、全力以赴地完成组织目标。能不能把英语教师个体发展目标同学校发展目标相结合，关键在于学校有没有好的管理理念、发展目标；有没有制定好的发展规划；在制定发展规划时，有没有明确地将英语教师的专业发展列为最主要的一项内容与目标。只有让每一位英语教师对学校发展有一个清晰的远景规划，对个人成长存在期待和发展的动力，英语教师才会主动去追求个人成长。

3. 建立以英语教师专业发展为目的、奖惩为辅助手段的动力机制

从理论的角度分析发展和奖惩，二者并不属于一对并列关系，不应用人为的手段将两者对立。就进阶性英语教师测评而言，评价是为了促进英语专业的发展，而发展则需要动力，不论是开始时还是过程中，对外在强化物的需求是必不可少的。奖励与惩罚就能够适合地作为促进英语专业发展的外在的强化物和诱因。在评价中要坚持发展的基本理念，将促进英语专业的改进、提高和发展作为评价的目标，根据评价结论给予评分，给予奖惩的时候不应该对评价进行区分，把奖惩当作评价的落脚点，而应该把奖惩机制与评价目的相融合。在评价考核中，要把单项和综合的评价有机地结合起来，以肯定评价为主要内容，让每位英语教师均能获得成功的体验感。给予英语教师奖励时，采取达标奖励、单项奖励等方法，让所有对发展目标进行了努力追求并且实现达标的英语教师，以及经过一段时间在某一方面取得发展进步的英语教师均可以得到一定程度的奖励，以调动英语教师在促进个人成长方面的积极性。

4. 处理好评价信息的反馈与结论处理

要对内外动力在评价中发挥的作用予以充分运用，对评价信息的反馈与结论处理给予充分的重视。英语教师要想得到好的发展，就应当处理好被反馈出来的信息和总结出的结论。

第一，评价以英语教师在工作以及自身专业发展上的表现为评价客体，评价者应该对上述方面所取得的成绩有所了解。一是将评价对象取得的成绩提供给学校领导，并就其不足之处是否有进一步深造的必要，进行进一步的完善，以及学校应给予怎样的协助进行总结；二是将与表现相关

的资料交给被评估者，其中，英语教师的认同对评价结果很重要，并查看评估结果是否能被认可，让英语教师了解自身有哪些优点与长处是评价反馈的重点，清楚地认识到自身存在的缺陷及有待改进的地方，并起到推动被考核英语教师向更加完美的方向前进的作用。

第二，对评价结果按照科学的方法进行解释，并指导英语教师在归因上使用正确的方法。英语教师的工作本身存在着复杂性的特点，对英语教师的理解、包容与尊重应当在评价结果的解释中予以充分体现，对其劳动成果也要给予充分的认可，使每一位英语教师都能获得成功的体验。对考核不过关的英语教师应进行延时处理，允许他们将考核资料重新准备、提交，并给他们再一次接受考核的机会。这样的考核才能真正发现英语教师的缺点与不足，成为不断督促着英语教师向前发展和进步的动力。在对评价结果进行阐释时，应尽量发挥其正面作用，限制其负面作用，以最终实现对英语教师专业化发展的推动。以评价结论为依据进行合理阐释，指导英语教师运用正确的方法归因成功与不足。正确地归因对于英语教师的心理与行为都有着重大的作用，英语教师利用自我归因的方法对其成功行为进行分析，这将会给予自身巨大的自我满足，能够帮助自己了解自身的能力、提高自信与动机水平；恰当地归因能够帮助英语教师认识自身的不足、总结经验教训，并在随后的行为中进一步地调整和控制。

第三，确定下一轮的发展目标。当评价周期走向终结的时候，学校就应当组织英语教师对下个周期英语学科的发展制定发展目标和规划。基于此，英语教师也要根据自身条件及学校要求，为下一步的发展制定目标和规划，确定未来专业发展的新方向，取得新的进步。

（四）进阶性英语教师评价的主体

在实际的学校英语教师评价活动中，为了能全面而客观地进行英语教师评价，一般都采用多途径、多主体的方式进行，避免片面的评价。较为常见的英语教师评价主体形式有如下几种。

1. 领导评价

领导评价一般是指教育行政领导、学校领导（校长、教导主任、教研组长等）对英语教师的评价。它是英语教师评价中对英语教师促进作用最大的一种外部机制。因为在我国，领导对英语教师的评价通常在很大程度上是和英语教师的职务晋升、奖金的分配等激励性手段联系在一起的。领导评价能否对英语教师素质的提高起促进作用，同领导者本身的素质、评价水平、公正程度具有极大的关系。所以领导在评价的时候要综合考虑英语教师在自身专业发展中不同阶段的主要成绩或成果，不能主观臆断或者单纯听从下属的评价意见，而是要深入调查英语教师各方面的素质及其发展，并根据相应的打分标准给出分数，真实而不失偏颇地给出一个综合评价，力求能够体现公平、公正、公开的原则。

2. 同行评价

同行评价是指英语教师之间的互评。由于进阶性英语教师评价是一项专业性非常强的工作，尤其涉及对英语教师学科水平、教学技能等方面的评价时，通常需要借助同行业专家或有丰富教学经验的英语教师的评价，才能保证英语教师的评价具有一定的效度。为了从较高的层次上体现教师专业的发展程度，学校应该在每学期或每年度组织校内外的资深同行和专业学者按照客观、统一的标准分别为各个英语教师打分，并对所得到的数据进行分析，找到该英语教师所具备的专业特长以及缺点，“抓两头，促中间”，从而指导该教师向着相应的发展方向大步迈进。

3. 学生评价

学生评价是指学生对英语教师的评价。现在，很多高校都引进了学生评教系统，借助这种系统，学生可以在网上对教师的专业发展和具体表现打分，从而产生一个新的数据资料库，为学校了解教师专业教学与专业发展状况提供了一些实证资料。因为英语教师劳动的成果最终体现在学生身上，同时英语教师的绝大部分工作是面向学生的，因此，不少学者认为，学生是评价英语教师工作好坏的主要发言人。但是，学生评教的态度应该端正，并能够做到比较客观地进行评价，尽量避免个人主观因素的影响。否则，这种评价体系就失去了应有的公正性，对英语教师的评价也就偏离了初衷。学校应该在学生评教前专门为学生讲解一下评价的重要性，让学生能够端正态度进行评价，为学校真正了解英语教师的状态提供可靠的数据支持。

4. 社会评价

社会评价是指学生的家长以及社会上的其他人士、团体对英语教师的评价。它常常表现为社会对英语教师行为规范的一种要求和总体性的看法。这种评价的实施难度比较大，因为它来源于外部的一些个人或团体，评价的实施者也具有不同的水平和素质，因此他们的评价一般都是来源于学生、其他教师，所以，很多的评价不可避免地受到评价者所受的正面或负面信息的影响而失之偏颇。因此，社会的评价只能算作一种辅助信息材料，不应作为直接的评价信息。

5. 英语教师自我评价

英语教师对自己重新认识和了解，对自身的各个方面进行分析，并以此促进自我的提升与发展，这就是英语教师的自我评价。在英语教师评价中，英语教师自我评价是重要环节，包括对自己的教学工作、专业水准、人际关系等多方面的素质和能力都能够具备较为清楚客观的认识，特别是对自己在能力的缺陷和工作上出现的问题能够全面了解，而且还能够分析自身的缺点和问题产生的缘由，并寻找一条提升自我的道路。各校都给了英语教师自评的机会，他们能明显地从评价过程中看到自身在教学和科研上的收获和不足，以此为依据不断对自身发展方向进行校正，朝着更加健康和谐的专业发展方向前行。

以上几个方面的评价应该综合起来对英语教师专业发展程度进行分析。当然，有些评价属于间接的评价，可以纳入参考的范围，但不应当作为主要的评价依据。当几种评价按照评价标准得出明确结论的时候，可以按照学校的奖惩标准来进行相应的奖惩。

（五）进阶性英语教师评价指标体系的设计原则

进阶性英语教师评价需要形成一种完备的体系，从而体现评价的真正目的和价值。在这个体系的设计中必须有相应的设计原则来指导评价指标的确立。简单来说，评价指标的确立应该遵循以下四个原则：方向性原则、科学性原则、可行性原则、完备性原则。

1. 方向性原则

方向性原则是指在设计进阶性英语教师评价指标体系时要确立并坚持正确的方向，客观反映教师评价适应教育改革和发展需要这一规律。这一原则是教师专业发展评价中的根本原则，因为方向的正确与否决定了评价的正反作用力。也就是说，没有正确的方向势必使评价体系严重违背初衷，产生“南辕北辙”的现象。

英语教师的工作带有自身的特殊性，许多教师既要从事教学，又要进行科研工作，甚至还要担负一些社会工作。教师在平时工作中的表现和他们取得的成绩，会在扮演和转换角色的过程中表现出来。所以，为了对一名教师进行客观而全面的评价，就要从多个方面搜集与教师相关的资料，进行综合评定。在评价时应当以全面、合理且带有足够的激励性为导向，对教师的教学能力、学术成果和育人能力进行综合考评，应综合考核其德、能、勤、绩四个方面。

要依据方向性原则设计评价方案。制订评价指标体系和评价标准，组织实施评价以及处理评价结果等评价的全过程，都要体现教师评价的方向性。

2. 科学性原则

科学性原则是指设计出来的进阶性英语教师评价指标体系、评价标准、评价结果必须是科学的，这是对教师评价本质属性的反映。贯彻构建进阶性英语教师评价指标体系的科学性原则，是教师评价活动及评价结果科学化的重要保证。

进阶性英语教师评价构建的科学性原则，要求在实施教师评价时尊重教师评价活动本身的客观规律，在不断的科学研究和讨论之后结合本校的实际情况制订具体的评价方案，设计评价标准和评价指标体系，并组织实施教师评价。整个评价的前期发展规划和制订、中期的评价开展和实施以及后期的结果公布及奖惩，都要本着实事求是的态度，正确处理评价主体与评价客体、评价信息与评价结果的关系。要以评价标准和指标体系为尺度，以评价信息为依据，采用科学可行的评价技术方法，对评价对象作出科学准确的价值判断。

遵循科学性原则，在建立教师评价标准和指标体系时，要以正确的教育价值观为指导，采用科学可行的评价技术方法和科学规范的评价程序，以取得与评价对象实际状况符合程度最高的评价结果。如果在具体实施过程中有违背以上科学性原则的地方，应该由权威评价机构根据具体情况对评价体系加以更正和不断完善，并在今后的评价实践中加以检验。

3. 可行性原则

可行性原则是指设计的进阶性英语教师评价指标体系要切合实际、能够操作、能够取得预期的评价效果。进阶性英语教师评价设计的可行性原则要求设计的进阶性英语教师评价指标体系必须从实际出发设计教师专业发展评价方案，制订评价标准和指标体系，组织实施教师评价。一切评价活动都应力求切实可行，具有实际可操作性。

进阶性英语教师评价指标体系可行性的根本问题是评价的效度问题。评价的效度是指评价结果反映评价对象实际状况的有效程度，或者说是评价结果包含本来要评价内容的程度。进阶性英语教师评价指标体系的效度是指教师专业发展评价的结果包含着本来要评价的促进教师专业发展的程度。

4. 完备性原则

完备性原则是指设计的进阶性英语教师评价指标体系要全面、完整地包含每一项重要的指标。完备性原则是由教师评价的综合性这一特点决定的。

进阶性英语教师评价设计的完备性原则要求设计的进阶性英语教师评价指标体系必须从实际出发，全面反映英语教师专业发展水平，不遗漏任何一项重要的指标。同时为了评价的结果客观、可信，评价信息的搜集也应完备。

进阶性高级英语教师评价的指标体系是否具备完备性，其根本在于评价指标对事物本质特征的反映程度。完备并不在于对事物评价的求全或面面俱到，而在于从浩如烟海的指标中选出将事物的本质特性最为充分地体现出来的指标，而放弃一些虽然可能对最终的评价产生影响但不影响本质的指标。如果让评价指标形成一套完整的体系，其中所要包括的内容都应当是最能体现本质和最主要特征的，它们之间既相互独立又在逻辑上呈现出彼此间的并列关系，它们不会出现相互重叠、互为因果的情况，每个指标所表达的内涵都是确定且特别的，使其表现出确切的内涵以及清晰的外延，用词清楚，在语义上通俗易懂，不产生歧义。

二、进阶性英语教师评价促进教师专业化发展的途径

英语教师应该使用怎样的方法来提高自身的素质，如何培养一批能够完全适应素质教育全方位要求的英语教师，是一项事关教育改革能不能继续深入发展、素质教育工程能不能实现的重要任务。人们通过教育改革与发展实践，已概括出了这样一个论断：必须加强关于英语教师的专业化建设。因为这一建设不仅能够使英语教师的社会地位得到提升，还能够推动英语教师自身各项素质的提升。要提高英语教师的素质，不仅需要持续完善和健全英语教师素质改进机制，还要靠英语教师自己对各项素质提升作出努力。英语教师要正确认识自己从事的这项事业，而要树立这样的认识主要还需依靠正确的自我评价。以下内容针对英语教师的自我评价问题进行相关探讨，简要分析促进英语教师专业化发展的几大机制，并且阐述几点关于英语教师自我评价有效实施策略的看法，希望能够通过加强英语教师自我评价意识，提升英语教师自我评价的能力，从而促进英语教师的专业化发展。

（一）不断完善的各项机制

人并不是天生就能成为一名合格的教师，而是要在心理层面上与角色层面上完成转换。一个人从学生蜕变为一名合格的英语教师，这个过程需要个人长期的努力，也需要各种外部机制来帮助提升个人素质。对大多数英语教师而言，这些外部机制包括大学的培养机制（包括见习、实习机制）、进修单位的培训机制、校本培训机制、学校评价机制和各种奖惩机制等。在这几种机制的综合作用下，结合英语教师自己的努力，才能使自己产生从外行到内行的转变。在推动英语教师专业成长的诸多机制当中，除去那些有利于教师在专业领域的发展成长的政策外，起到最为重要的作用的机制还有三类：第一，大学内特别是师范大学（师范学院、教育学院）的培养机制；第二，当下任职的英语教师培训机制；第三，学校管理英语教师的评价机制。

1. 培养机制

在相关教育机构接受针对英语教师的培养和教育的各项制度以及

各项制度之间具体运作的方式就是英语教师的培训机制。国内担负英语教师培训任务的教育机构是以各类师范大学、学院为主。当前，我国不断提升英语教师的地位，并且从全国范围逐渐推行英语教师资格证书制度，英语教师的教育体系逐渐成型，观察教师队伍中的从教比例可以看到，在教师总数中，非师范类大学毕业生占有的比例在不断提高。所以，师范类学校并没有独享针对英语教师的培养机制，一些非师范类学校也会在一定程度上参与英语教师的培养；与此同时，培训不仅包括未来希望从事英语教师这一职业的人员的培养，还包括在职英语教师所接受的学历教育。

无须质疑的是，如果对英语教师的培养能在机制中进行不断的完善，就会对英语教师在专业化程度上的提高产生直接的影响。按照成熟的专业六大特征（专业职能、专业道德、专业训练、专业发展、专业自主、专业组织）为标准来分析，英语教师培养机制是促进英语教师专业职能、专业道德、专业训练、专业发展的重要机制。

近几年来，在我国的师范教育方面实施了一系列的改革措施，这些措施旨在有效提升今后从事教学工作的学生的综合素质。其中，包括了关于师范教育体制、专业设置、教育内容、教育方法等方面的改革措施。如果在他们从事教育工作之前，我国毕业生就已经在英语教师职业素养方面具有了较高的水平，那我国英语教师职业离成为真正意义上的一门专业就为期不远了。

2. 培训机制

现在的社会知识更新频率逐渐加快，社会和学科等方面的知识不断更新和发展，催促着英语教师不断地学习和培训，更新学科知识，提升自身的各项素质，不断“充电”，才能继续适应当下的教学工作。关于英语教师培训机制的说法，即关于英语教师继续学习和提高各项机制以及这些机制之间的运作方法，我国的英语教师培养机制在很长一段时间都是与培训机制处于分离运行状态，各自承接着对英语教师的培养与对英语教师素质的提升这两个责任。在教育改革与发展日益深化的今天，英语教师不断受到职业专业发展理论与终身教育思想的影响，逐渐打破了这一条块分割的模式，一体化逐渐成为英语教师培训与训练发展的方向。关于改革英语教师在职前教育和职后教育的情况，无疑是将一种更为有效的发展机制运用到英语教师的专业发展中。在各项专业化指标中，“需要不断地学习进修”是一项非常重要的指标。

3. 评价机制

培养、培训机制是英语教师接受教育和培训的两种主要机制，英语教师在专业化方面的不断增强，需要这两个机制发挥巨大的作用。而除此之外还有一项机制也能够帮助英语教师向着专业化的道路不断发展，这一机制就是英语教师评价机制。

按照时间这一要素来分析，在英语教师的整个教学生涯中，英语教师在接受培养和培训上所花费的时间是非常有限的，而与评价相伴随的时间则要比接受培养、培训的时间长得多。而且，作为一种实践艺术，英语教师很多时候也是在学校日常管理下、在平时的教学活动中促使自己在教学实践能力上的提升。其教学观念更新和教学实践能力提升很大程度上要通过学校日常管理教学实践来完善。这意味着英语教师在专业领域的自主发展始终与在学校中发生的关于他们的评价密切相关。由此，英语教师自我评价对英语教师专业发展具有重要意义。

（二）英语教师的自我评价

英语教师评价这项活动在运作的过程中既非常复杂又十分重要，正由于这样的特性，才使研究的热点一直关注在英语教师评价上，这是其他任何一个领域都不可能出现的。按照对英语教师评价工作的复杂程度来分析，上面的特性很大程度上取决于这一评价制度的特殊性。

英语教师评价的复杂性和特殊性主要来源于以下几个方面。

（1）英语教师角色的多样性。英语教师这个职业往往要扮演多重角色。就学校教育而言，英语教师身处的情景不同，所扮演的角色也有所差异。美国心理学家林格伦就将英语教师心理角色概括为三大类：教学和行政的角色（包括教员、课堂管理员等）、心理的角色（包括教育心理学家、人际关系的艺术家等）和自我表现的角色（包括学者、父母形象等）。也有人认为英语教师的角色主要是权威者角色（包括知识的传授者、团体的领导者、模范公民、纪律执行者、家长代理人）、心理工作者（包括朋友与知己、人际关系的艺术家、心理治疗者）。英语教师在扮演不同的角色时会被人们寄予不同的期待，使大部分人都认为英语教师这一职业展现了角色冲突中的典型场景。而上述种种特征常常会将一些困难放在我们评价英语教师的行动之前——应该以多种角色为出发点，还是应该只对某种角色进行突出表现。

（2）英语教师劳动的复杂性。英语教师的劳动是复杂的。这种复杂性主要表现在以下几个方面。

第一，英语教师的劳动是一种高级的脑力劳动（或者精神劳动）。通常情况下，英语教师常常要对相关的知识、能力及社会生活规范进行必要的掌握，才有可能在向学生传授知识时发挥其积极作用，通过英语教师言传身教以及学生在英语学习上的积极主动，最终培养出在个性、学习和品德上都完美的人才。

第二，英语教师以大学生为劳动对象，大学生是一个充满个性、追求迅速发展的群体。英语教师的工作会随着学生个体存在的差异以及教育内容、教育环境等因素的不同而改变，这就意味着其劳动应该是一种充满创造性的劳动。只有自身具备创新精神的老师才能培养出具备创新精神的学生。

第三，英语教师的劳动成果淋漓尽致地体现出集体性和综合性的特点。学生所取得的成功和进步，很难说是具体哪位英语教师的功劳，因为每位英语教师对学生英语学习所发挥的作用都是有限的。发生在学生身上的变化是一种社会性的变化，相对于整个社会而言，学校英语教师的作用也只是家庭、社会、学校所起作用的一部分。

第四，英语教师需要经历漫长的等待，才能看到其劳动成果最终开花结果。也就是说英语教师所培养出来的学生能否适应社会对人才的要求以及对学生身心发展的要求，通常要等到学生通过了社会的考验才能得出定论；此外，英语教师的劳动在时间和空间上都具有灵活性，在劳动形式上也具有个体性等。

正因为英语教师的劳动具有上述特征，所以当我们判断其劳动价值时就变得十分困难。教学行为与教学效果，在当前作为英语教师评价实践的主要评价依据存在着。

（3）英语教师管理的特殊性。英语教师在工作中需要扮演各种角色，并且英语教师的工作也呈现出较高的复杂性，根据上述特点，就需要学校按照特殊的管理方法对英语教师实施管理；还要更加重视在学校教育中英语教师所处的位置。在学校教育中，英语教师、课程和学生是三个最为重要的因素，其中学生这一因素是学校教育的最终指向，要促进学生实现能力上和素质上的全面发展，没有英语教师在其中发挥作用是完全不行的。

英语教师在学校教育中有着丰富多样的角色定位，其工作愈加呈现出较高的复杂性，而且英语教师在学校教育中有着十分特殊的身份。这些决定了如果对英语教师进行全面而科学的评价，任何一个单一性的评价主体都无法胜任。与此同时，在一定程度上，正因为英语教师这一职业具有上述特殊性，这就在根本上决定了英语教师这个职业应成为一门专业。

经过上文的分析可知：评价的“他评”包含了领导评价、同行评价、学生评价和社会评价，它们均为英语教师评价的外在机制，借助外在的压力、要求，通过激励或者惩罚的手段对英语教师的行为进行调整，推动英语教师在教学质量上的提升。自评与他评不同，自评在评价上表现为英语教师以了解自我和分析自我来实现自我提升，以达到推动英语教师各项素质的提升，形成一种内在机制。英语教师的自评对英语教师各项素质的提高所起到的巨大作用至少体现在以下几个方面。

众所周知，在当下，对素质教育的全面推进已经成为教育改革和发展的主旋律。作为一种能够发挥主体性作用的教育思想，素质教育将以对学生自我意识的树立为重要的培养目标。所以首先要在英语教师中树立积极的自我意识，才能有助于学生自我意识的培养。而发展英语教师自我意识最好的方法之一就是对英语教师自我评价的重视。我们对英语教师自我评价的重视有助于英语教师对学生自我评价的重视，并最终帮助他们形成主动自我意识。

实行素质教育已历经十余年时间，在经济社会及教育自身发展的同时，其内涵也得到了长足发展。素质教育的核心是培养创新精神与实践能力，这已经是教育工作者们的普遍认识。英语教师自身具备创新精神，对学生身上的创新精神培养有着重要的作用。前文提到的英语教师的培养、培训机制与英语教师所拥有的创新精神有着密不可分的关系，可以这样认为：一个英语教师缺乏对自我评价的能力，创新精神也不可能在其身上体现。因为创新精神主要来自于对自己与现实的反思，特别是来自于对自己不断地否定。所以自我评价对英语教师创新精神的发展进程具有极为重要的意义。

从之前对英语教师劳动和角色的分析、英语教师管理特殊性的分析，可以明白英语教师在劳动方面及角色方面复杂多样的情况，这样的情况在英语教师的知识观、学生观、人才观以及其他教育教学观念的评价上表现得十分突出。采用他评这种方式来评价英语教师，其困难可见一斑。自我评价体现了英语教师对自己的了解以及自我教育、自我提升的过程，这对于英语教师更新观念，可以说是一种有益的方法。

现代心理学的研究证明：外在刺激远远没有内部动机造成的影响持久。自我评价能够成为自我发展的发动力，对英语教师的成长而言是促进英语教师对自己的专业能力进行提升的一种根本动力。只有让英语教师对自己教学实践的最为广泛且深入的认识在自己的心中萌发，在经历过内省与实践之后，英语教师才能对其表现形式与行为进行有效评估。

英语教师的行为，不论是在领导的评价面前还是同为英语教师的评价面前，都会受到他们的影响。英语教师可以通过自我评价的机制，利用对自身的认同和内化，使自身的素质得到提升。

当然，英语教师在开展自我评价时，并非必须同英语教师的评价同步开展，这一行为其实在整个英语教师的专业成长过程中都会有所体现。在前文所述的培养、培训机制的影响下，可以知道，想要获得推动英语教师质量提升的真实效果，也同样少不了对英语教师进行自我评价。从这几个意义看来，英语教师评价的中心内容就可以被认为是英语教师对自身的评价。

发展英语教师的自我评价能力有很多种方法，对这方面能力的训练可在师范教育和专业素质教育等方面进行，可以采用的形式也多种多样。而就根据学校实际工作情况及学校对英语教师进行评价这一实际出发，对学校英语教师进行评价时，切实进行英语教师自评，不失为英语教师自我评价能力发展的一种有益方式。

培养英语教师自我评价能力的途径是多方面的，可以在培养英语教师的师范教育和提高英语教师专业素质的培训过程中，采用多种形式来提高英语教师进行自我评价的能力。但就结合学校工作的实际情况和学校开展英语教师评价的现实来看，在学校的英语教师评价中有效地开展英语教师的自我评价，不失为一条培养英语教师自我评价能力的有益途径。

三、有效开展进阶性英语教师评价的策略

在英语教师的自我评价中常见的问题大概是经常过高或过低地评价自己。针对这个问题，应采取一些行之有效的策略来减少英语教师对自己不正确的评价，具体包括以下几个方面。

（一）对英语专业教师进行自我评价教育

"人贵在有自知之明"，然而对自己进行客观的评价还是有一定难度的。自我评价是以自身具备的以自我评价的要求为前提的，使英语教师明白只有内化自我评价才能从本质上了解自身的长处与短处，实现扬长避短。

与此同时，作为一名英语教师应该清醒地看到，社会的发展使人们对于英语教师这一角色有了越来越高的期望。以往人们往往把英语教师单纯地看作外国语言的传授者，也就是说英语教师的作用仅仅是向学生灌输英语知识；后来人们在此基础上，把英语教师看成是"能师"，即不仅要能够将英语知识传授给学生，还要在技能上给予学生们一定的培养以及在智慧上给予学生们启发；而如今按照素质教育要求，英语教师应成为"人师"，就是既要教书育人，又要针对学生的个性利用自己崇高的人格去引导。的确，做一名"人师"是在用一个很高的标准要求英语教师，但是这个标准

也是我们进行素质教育的一个必要条件。与此同时，这也是英语教师专业化发展的需要，英语教师要满足这一高要求，就应该以“潜在学习者”的角色要求自己。人之所以为人这一意义的核心是人们进入真正的学习中，所要面临的一个问题。学习能够帮助我们对自身进行重新塑造；学习能够帮助我们将不能做到的事情做到；学习能够帮助我们对世界进行再一次的认知，处理好自身与世界的关系，让自己对未来进行创造的能量得到不断扩展。

（二）制定可操作的英语专业教师自评指标体系

提升英语教师在自我评价方面的能力，一方面取决于英语教师自我评价理念的不断更新；另一方面取决于我们如何准备进行英语教师自我评价的工作。英语教师实行自我评价的依据就是评价的指标体系，其自评无疑也是基础中的基础，为英语教师对其行为进行客观评价提供参考依据。为此，在英语教师的自评方面，我们必须尽快地开发可操作性强的指标体系。

在构建英语教师自评指标体系时，我们应该注重评价对教学结果产生影响的因素，而不是仅仅去评价教学结果本身。这样，我们才能得出更为有效的评价结果。因此，影响教学效果的因素才应当是自我评价的指标集中之处，而改善教学才是实行自我评价的主要目的，所以这种指标采用定量化处理的方式是最适宜的，不适合给出权重。

（三）注重英语专业教师的自评结果

能够确定的是，形式主义在当前的英语教师自评中依旧比较泛滥，其中“为了他评而自评”的倾向在评价体系中逐渐形成，已形成看似“为他评说，自评说”之势，忽略了“他评”，最后还是需要实现“内化”，才能将评价目的这一基本道理实现。若不能把自评结果当作一件严肃认真的事去处理，则评价结果不够公正客观，基于这一结果所做的分析也只能流于表面。这样的结果对于英语教师来说，总体上的评价便失去了其应有的重要性。

如果学校领导只是单纯地将英语教师自评结果与奖惩挂钩，那么这一评价的作用就无法发挥。当英语教师在完成自我评价之后，认识到自身定位和发展方向后，特别是发现工作中存在的问题和缺陷后，领导应及时与有关人员合作，帮助英语教师分析存在的问题，并提出有效的解决方案，以促进英语教师素质的提升。

关于英语教师自我评价机制方面，要不断强化对其的研究，要不断增强其意识、提高英语教师自我评价能力等，有力推动英语教师专业素质提升。同时，英语教师在专业领域的不断成长也能从自我评价能力的提高中获得力量。

综上所述，我们可以知道，进阶性教师评价必须实事求是，遵循方向性、科学性、可行性、完备性的原则，采用多途径、多主体的方式进行评价，不断完善各项机制，注重英语专业教师自我评价，同时采取针对性的策略，促进进阶性评价的有效进行，实现对教师的客观评价。

参考文献

［1］陆丽英. 英语专业教与学［M］. 上海：复旦大学出版社，2017.

［2］王艳梅，刘鹏伟，刘晓玲. 语言学视角下的高校英语专业教学研究［M］. 长春：吉林出版集团股份有限公司，2021.

［3］张哲华. 英语专业导论［M］. 成都：西南交通大学出版社，2015.

［4］何微微. 英语专业学生写作词汇知识发展多维度研究［M］. 成都：西南交通大学出版社，2018.

［5］胡洁. 连接主义视阈下英语专业学生创新型思辨能力研究［M］. 重庆：重庆大学出版社，2020.

［6］孙玲琪. 基于翻转课堂的高校英语专业语法与写作金课建设研究［M］. 北京：中国原子能出版社，2020.

［7］赵红新. 转型发展背景下英语专业教学的理念与实践［M］. 长春：东北师范大学出版社，2017.

［8］杜学鑫. 英语专业混合式学习模式研究与实践［M］. 南京：东南大学出版社，2018.

［9］资谷生. 英语专业“高级英语”课程教与学之评价［M］. 北京：中国书籍出版社，2016.

［10］项凝霜. 英语专业词汇教学的认知研究［M］. 北京：国防工业出版社，2015.

［11］刘夏，何高大. 数字人文与新文科视角下的英语专业人才培养探索［J］. 外语电化教学，2022（1）：27-33.

［12］刘秉栋，冯蕾. 英语专业课程思政体系建设：现实困境与突围路径［J］. 外语电化教学，2022（4）：23-28.

［13］肖丹. 跨文化学习视域下英语专业课程思政教学路向探析［J］. 外国语文，2022，38（3）：153-160.

［14］李征娅. 英语专业课程思政的实施路径分析［J］. 西安文理学院学报

（社会科学版），2021，24（3）：87-90.

［15］石琳霏，姜亚军. 中国英语教育四十年反思及其对新文科背景下英语专业建设的启示［J］. 外语教学，2020，41（3）：61-66.

［16］蒋洪新，简功友. 全人教育与个性学习：英语专业《国标》课程体系的研制与思考［J］. 外语教学与研究，2017，49（6）：871-879.

［17］邵春燕. 社会文化视角下英语专业写作教学的多角色参与模式［J］. 外语界，2016（2）：79-87.

［18］黄洁. 新时代英语专业对外话语人才培养思考［J］. 高教学刊，2022，8（28）：1-6.

［19］常俊跃，赵永青，赵秀艳. 关于我国高校英语专业培养目标、培养要求和核心课程的思考［J］. 外语教学与研究，2013，45（6）：933-940.

［20］戴炜栋，王雪梅. 我国高等教育内涵式发展背景下英语专业的建设思路［J］. 外语界，2014（3）：2-11.

［21］多忆楠. 英语专业本科生的跨文化敏感度发展与英语能力提高研究［D］. 上海：上海师范大学，2022.

［22］胡蓉. 英语专业学生身份认同与学业成绩的关系探究［D］. 太原：中北大学，2022.

［23］王悦. 英语专业硕士跨文化交际能力调查研究［D］. 长春：吉林大学，2021.

［24］尚维芃. 英语专业学生语言学习策略与自主学习能力相关性研究［D］. 锦州：渤海大学，2021.

［25］徐琪. “产出导向法”在高校英语专业写作教学中的应用研究［D］. 长春：长春师范大学，2020.

［26］李金媛. 英语专业大学生学习动机衰退研究［D］. 曲阜：曲阜师范大学，2016.

［27］王菲菲. 英语专业学生跨文化交际能力发展性调查研究［D］. 扬州：扬州大学，2016.

［28］孔荃. 英语专业大学生英语学习动机削弱分析［D］. 武汉：武汉科技大学，2015.

［29］林静. 英语专业创业课程现状及其设置构想方案［D］. 杭州：杭州师范大学，2015.

［30］马睿颖. 建国以来英语专业主导教材发展走向及其启示［D］. 福州：福建师范大学，2012.